Scheidung

Inhalt

Die Trennung

Durchhalten und auf bessere Zeiten hoffen, diesen Rat bekommt man häufig zu hören, wenn man an der Ehe zu zweifeln beginnt – egal wie schlimm die Situation ist. Auch die Vergangenheit wird zitiert: »Damals wart Ihr so glücklich«. Und heute? Ist Ihre Freude längst verflogen und überlegen Sie, ob das wirklich alles gewesen sein kann? Dann wird es Zeit, sich dem Problem zu stellen, sich auf den Weg zu machen und aktiv zu werden. Denn eine Lösung gibt es ganz bestimmt.

interview

Ich war ständig krank und unzufrieden. Beim geringsten Anlass konnte ich losheulen oder meinen Mann und die Kinder anbrüllen. Ich habe mich gefragt: ›Wie soll das nur weitergehen? Soll ich warten, bis die Kinder groß sind?‹ Besonders schlimm waren die Kommentare unserer Freunde: ›Eine so tolle Familie gibt man doch nicht einfach auf!‹ Ich hatte Angst, zu versagen und meine Kinder zu Scheidungswaisen zu machen. Ich hab's trotzdem gewagt – und wir haben es bis heute nicht bereut.

WENN ES NICHT MEHR WEITERGEHT

Gehen oder bleiben?

Gehen oder Bleiben hat auch etwas mit »durchhalten« zu tun. Durchhalten gilt als gut, aufgeben als Kapitulation. Man hat versagt, wird als beziehungsgestört, liebesunfähig und egoistisch angesehen. Wer will das schon? Also weitermachen, den Kindern zuliebe, wegen der Nachbarn, der Eltern, der Karriere des Ehepartners. Es gibt so viele Gründe, alles zu lassen wie es ist. Durchhalten um jeden Preis, ist das nicht ein zu hoher Preis?

Finden Sie heraus, ob Sie ein »Durchhalte-Typ« sind. Damit tun Sie den ersten Schritt, der Realität ins Auge zu blicken. Denken Sie nur an die Möglichkeiten, die Ihnen die Zukunft bietet und lassen Sie sich nicht von den Moralvorstellungen der Eltern und Verwandten, der Nachbarn oder Drohungen Ihres Ehepartners beeinflussen. Vielleicht erkennen Sie einige der gängigen Kommentare wieder:
»Mit etwas Geduld wirst Du es schaffen, ich bin auch seit 20 Jahren verheiratet.«
»Das wirst Du für den Rest Deiner Tage bereuen!«
»Von mir bekommst Du keinen Pfennig!«
»Die Kinder siehst Du nie wieder.«
Beantworten Sie die Fragen aus dem Kasten und finden Sie heraus, was Sie bremst.
Wenn Sie viele der Fragen mit Ja beantwortet haben, müssen Sie aufwachen und aktiv werden. Jetzt wird es Zeit, dass Sie sich auf den Weg machen.
Das Fatale ist nämlich, dass diejenigen, die aus Angst in einer Beziehung verharren, sich nur vorübergehend besser fühlen. Irgendwann wird »Sie« zur Meckerziege oder »Er« zum ewigen Nörgler, die Partner beäugen sich argwöhnisch, achten nur noch darauf, wer mehr vom Leben abbekommt. Die Unzufriedenheit wird immer größer, das Selbstwertgefühl sinkt rapide. Damit helfen Sie weder sich noch Ihrem Ehepartner oder den Kindern. Und Ihrer Ehe schon gar nicht. Steigen Sie aus, bevor es soweit kommt! Besinnen Sie sich auf Ihre Fähigkeiten und checken Sie Ihre Möglichkeiten für ein Solo. Je eher Sie damit beginnen, desto größer sind die Chancen für eine faire und stressfreie Scheidung.

durchhaltetyp?

- ✔ Habe ich ein extremes Sicherheitsbedürfnis und Angst vor Veränderung?
- ✔ Liebe ich die Bequemlichkeit und möchte sie unbedingt aufrecht erhalten?
- ✔ Habe ich ständig Sorge, dass jemand sich verletzt fühlen könnte, wenn ich meinen eigenen Weg gehe?
- ✔ Hoffe ich, dass doch noch alles gut werden könnte, wenn ich oder mein Partner sich richtig anstrengen würden?
- ✔ Tröste ich mich mit den schönen Stunden der Vergangenheit?

Aktiv werden

Einfach alles hinwerfen und abhauen, ein neues Leben anfangen ohne Ärger, Geschrei und Zank. Ganz so einfach wird es nicht werden. Aber auch wenn Sie Ihre Ehe rasch beenden wollen, gibt es einige Dinge, die Sie beherzigen können, um nicht alles Porzellan zu zerschlagen. Sie helfen damit nicht nur Ihren Kindern und Ihrem Ehepartner, sondern auch sich selbst.
Die Folgen einer Scheidung mit ihren Auswirkungen im wirtschaftlichen, sozialen und emotionalen Bereich müssen offen und ehrlich angesprochen werden. Reden Sie über das, was Sie sich wünschen, mit Ihrem Ehepartner. Dann wissen Sie beide, was auf Sie zukommt.

wo stehen sie?

- ✔ Wenn Sie allein nicht zurechtkommen, scheuen Sie sich nicht, professionelle Hilfe in Anspruch zu nehmen, und holen Sie sich Rat bei einem Anwalt, einem Therapeuten und bei Beratungsstellen.
- ✔ Notieren Sie die Gründe für Ihre Unzufriedenheit: Fühlen Sie sich finanziell eingeengt, langweilen Sie sich oder glauben Sie, Ihr Partner versteht Sie nicht?
- ✔ Fühlen Sie sich überfordert durch zu viele Aufgaben? Notieren Sie, was Sie ändern möchten.
- ✔ Suchen Sie einen neuen Partner?
- ✔ Hat Ihr Ehepartner oder haben Sie bereits eine neue Beziehung?
- ✔ Haben Sie überspannte Erwartungen im sexuellen Bereich, wie sie durch Presse, Film und auch Fernsehen vorgegaukelt werden?
- ✔ Erstellen Sie eine Wunschliste, was Sie beflügeln würde.
- ✔ Notieren Sie das Ziel Ihrer Bemühungen. Was wollen Sie erreichen?

Die Ursachen für das Unglücklichsein herauszufinden hilft Ihnen, Ihre Probleme zu erkennen und damit auch ein Stück weit zu lösen. Eventuell ist auch jetzt schon die Zeit gekommen, einen Anwalt zu suchen (→ S. 58).

Erste Hilfe bei Trennungsproblemen

In der Zeit vor der Trennung werden häufig Drohungen ausgestoßen, die die Stimmung anheizen und zu vielen Verunsicherungen führen. Hier finden Sie einige Themen und die richtige Reaktion darauf:

Unterhalt: »Von mir bekommst Du keine müde Mark«
Verlangen Sie schriftlich Unterhalt. Ein Muster dafür finden Sie auf Seite 36. Nach Fristablauf können Sie mit Hilfe Ihres Anwalts Unterhalt einklagen.

Sorgerecht: »Die Kinder bleiben bei mir, die siehst Du nie wieder«
Das Amt für Soziale Dienste (Jugendamt) aufsuchen und um Vermittlung bitten. Wenn das nichts hilft, mit Hilfe des Anwalts beim Familiengericht Zuweisung der elterlichen Sorge beantragen.

Besuchsrecht: »Die Kinder wollen Dich nicht sehen«
Auch in diesem Fall das Amt für Soziale Dienste (Jugendamt) aufsuchen und um Vermittlung bitten. Wenn das nichts hilft, mit Hilfe des Anwalts beim Familiengericht eine Umgangsregelung beantragen.

PKW: »In Zukunft gehst Du zu Fuß«
Entscheidend ist, wer das Auto jetzt dringend braucht.
Beim Familiengericht mit Hilfe Ihres Anwalts die Zuweisung des PKW beantragen.

Urlaub: »Du brauchst keinen Urlaub, Du arbeitest doch gar nicht«

Wenn Sie während der Ehe Urlaub gemacht haben, können Sie das auch weiterhin tun. Deshalb zusammen mit dem Unterhalt das Geld für den Urlaub mit Hilfe Ihres Anwalts schriftlich verlangen.

Wohnung: »Die Wohnung gehört mir, Du ziehst mit den Kindern aus«

Die Ehewohnung steht unter besonderem Schutz, deshalb kann man daraus nicht einfach vertrieben werden, schon gar nicht während der Trennungszeit. Für das Recht, dort wohnen zu bleiben, spielt es auch keine Rolle, ob es sich um eine Eigentumswohnung oder eine Mietwohnung handelt. Es kommt nur darauf an, für wen sie jetzt notwendiger ist, etwa wenn Kinder da sind, die in der Nähe zur Schule gehen. Auf Antrag kann das Familiengericht die Ehewohnung zur alleinigen Nutzung einem der Ehepartner zuweisen.

tipp

Nehmen Sie solche Drohungen ernst. Dem anderen die Konsequenzen seines Verhaltens vor Augen zu führen, bringt die Beteiligten rasch auf den Boden der Tatsachen zurück. Verschwenden Sie keine Zeit mit langen Bitten und Gegendrohungen, sondern holen Sie sich ohne Umschweife kompetenten Rechtsrat ein.

Wenn das Gespräch in Einschüchterungen zu enden droht, sollte man professionelle Hilfe suchen.

Haus: »Das Haus wird verkauft, wenn Du nicht mitmachst, lasse ich es zwangsversteigern«

Eine Zwangsversteigerung ist während der Trennungszeit in der Regel nicht möglich. Handelt es sich bei dem Haus um den größten Teil des Vermögens, muss der andere Ehepartner auch bei einer Teilungsversteigerung zustimmen.

Altersversorgung: »Meine Rente teile ich nicht«

Die Rentenanwartschaften werden von Amts wegen bei einer Scheidung festgestellt und durch das Familiengericht aufgeteilt.

interview

Ich wollte einfach nur weg. Koffer packen, alles stehen und liegen lassen. Ich hatte die ewige Nörgelei satt, und den ewigen Streit und die immer neuen Forderungen auch. Ich habe schon gar nicht mehr verstanden, um was es eigentlich ging. Vernünftig reden konnten wir schon lange nicht mehr miteinander. Aber einfach wegrennen, das bringt eben auch nichts. Deshalb habe ich mich gut informiert und weiß jetzt, wie es steht.

DIE VORBEREITUNG DER TRENNUNG

Was Sie jetzt wissen müssen

Sie haben den Entschluss gefasst, sich von Ihrem Ehepartner zu trennen. Rennen Sie nicht kopflos davon, sondern bereiten Sie sich sorgfältig auf diesen wichtigen Schritt vor. Bevor Sie gehen, sollten Sie Ihre Rechte und Ihre Verpflichtungen klären, denn was Sie jetzt freiwillig aufgeben, zum Beispiel Ihre Kinder oder die Ehewohnung, bekommen Sie so einfach nicht zurück. Wenn Sie gehen, ohne Ihre Unterhaltsverpflichtungen zu klären, provozieren Sie einen Rechtsstreit, denn Ihr Ehepartner braucht den Unterhalt zum Leben. Die sachliche Klärung Ihrer Rechte und Pflichten ist ein entscheidender Schritt für eine faire und stressfreie Scheidung.

Unbedingt klären

Gehen Sie das erste Kapitel dieses Buch (»Trennung«) gründlich durch und klären Sie folgende Punkte:

→ Was »Getrenntleben« bedeutet

→ Wer in der Ehewohnung bleibt und wer auszieht
→ Wie der Hausrat verteilt wird
→ Bei wem die Kinder bleiben
→ Wovon Sie leben
→ Wie Sie Geld und Vermögen sichern
→ Ob eine Trennungsvereinbarung sinnvoll ist.

Was »Getrenntleben« bedeutet

Vor der Scheidung kommt die Trennung. Sie ist sogar Voraussetzung für die Scheidung, sozusagen eine »Scheidung auf Probe«. Je nachdem, wie lange Sie getrennt von Ihrem Ehepartner leben, können Sie den Scheidungsantrag einreichen oder müssen noch warten. Leben Sie weniger als **ein Jahr** getrennt, können Sie trotzdem sofort einen Scheidungsantrag einreichen, wenn im Verhalten Ihres Ehepartners Gründe gegeben sind, die das Verheiratetsein mit ihm für Sie unzumutbar machen, zum Beispiel bei Gewalt, sexuellem Missbrauch, ständigen außerehelichen Beziehungen. Oder wenn der Ehepartner Straftaten begeht.
Leben Sie mindestens **ein Jahr** getrennt voneinander, wird vermutet, dass die Ehe zerrüttet ist. Wenn einer der Partner noch scheidungsunwillig ist, kann er dieser Annahme entgegentreten, indem er zum Beispiel beweist, dass die Trennungszeit noch gar nicht abgelaufen ist. Sind aber beide Ehepartner mit einer Scheidung einverstanden, können Sie jetzt den Scheidungsantrag stellen.
Leben Sie **drei Jahre** voneinander getrennt, wird unwiderlegbar vermutet, dass die Ehe zerrüttet ist. Jetzt können Sie auch dann einen Scheidungsantrag einreichen, wenn Ihr Ehepartner der Scheidung nicht zustimmt.
Es geht im Scheidungsrecht nicht mehr – wie früher – darum, ob der eine oder der andere »Schuld« an der Auflösung der Ehe hat, sondern darum, ob die Ehe zerrüttet ist. Die Zerrüttung wird anhand der Dauer der Trennungszeit festgestellt.

getrennt leben

Voraussetzungen:

- ✔ Keine wechselseitige Versorgung
- ✔ Kein Sex miteinander
- ✔ Getrennte Kassen
- ✔ Getrennte Lebensbereiche
- ✔ Keine gemeinsamen Unternehmungen
- ✔ Die eheliche Lebensgemeinschaft wird abgelehnt

Die häusliche Gemeinschaft endet

Getrenntleben bedeutet, dass keine häusliche Gemeinschaft mehr besteht (objektive Voraussetzung) und ein Ehegatte sie erkennbar nicht herstellen will (subjektive Voraussetzung). Meist wird die Trennung dadurch vollzogen, dass einer der beiden Ehepartner auszieht. Aber: Man kann auch in der Ehewohnung getrennt leben. Dann müssen die Lebensbereiche so aufgeteilt sein, dass jeder

muster

Musterbrief zur Trennung

Lieber Frank,
hierdurch teile ich Dir mit, dass ich von heute an getrennt von Dir lebe. Bis Du eine eigene Wohnung gefunden hast, haben wir unsere Wohnung so aufgeteilt, dass Du das Esszimmer für Dich allein benutzt, ich nutze das Schlafzimmer allein, Küche und Bad benutzen wir abwechselnd. Eine wechselseitige Versorgung findet nicht mehr statt. Eine eheliche Lebensgemeinschaft mit Dir lehne ich ab.
Silke,
Frankfurt a.M., 2.1.2002

seinen persönlichen Bereich selbst regelt, keine wechselseitige Versorgung mehr stattfindet und auch kein Sex. Getrennt zu essen und zu schlafen genügt nicht, jeder muss einen abgrenzbaren eigenen Lebensbereich haben.

Die Versorgung der Kinder kann manchmal dazu führen, dass die Eheleute beschränkte Gemeinsamkeiten in Haushaltsführung und Freizeit haben, das schadet aber für die Anerkennung des Getrenntlebens nicht.

Um klarzustellen, dass Sie von Ihrem Ehepartner getrennt leben, schreiben Sie am besten einen Brief, in dem Sie unmissverständlich deutlich machen, dass Sie von nun an getrennt leben wollen. Diesen Brief unbedingt per Einschreiben mit Rückschein zuschicken.

Mit diesem Brief können Sie einen festen Termin der Trennung beweisen, die Trennungszeit läuft. Sie haben deutlich gemacht, dass die gesetzlichen Voraussetzungen für eine Trennung von Ihnen beachtet werden. Damit sind Sie unabhängig von dem, was Ihr Ehepartner will. Ob er oder sie geschieden werden will oder nicht – darauf kommt es jetzt nicht mehr an.

Da der Gesetzgeber die Ehe unter den besonderen Schutz des Grundgesetzes gestellt hat, hat das Getrenntleben eine entsprechend hohe Bedeutung, denn es ist ein Indiz dafür, dass das eheliche Verhältnis tiefgreifend zerrüttet ist. **Wichtig**: Erst mit der rechtskräftigen Ehescheidung sind Sie endgültig auseinander. Bis es soweit ist, sind Sie juristisch noch aneinander gebunden, zum Beispiel gelten die ehelichen Pflichten auf Beistand und Rücksicht. Dazu gehören auch Unterhaltspflichten, die während der Ehe geleistet werden müssen.

Mediation – reden statt prozessieren

Der deutsche Begriff für Mediation ist Vermittlung und beschreibt ein außergerichtliches Verfahren, das unter Mithilfe eines neutralen Dritten, des Vermittlers oder der Vermittlerin (Mediator oder Mediatorin), durchgeführt wird und die Regelung des Konflikts in eigener Verantwortung zum Ziel hat. Mediation ist keine Therapie und nicht darauf angelegt, die Ehegatten wieder miteinander zu versöhnen. Das Verfahren soll den Eheleuten helfen, konstruktiv miteinander im Gespräch zu bleiben. Familienmediation umfasst alle

klassischen Felder im Zusammenhang mit der Trennung, etwa:
→ Neuordnung der elterlichen Verantwortung
→ Aufteilung der Betreuung bei gemeinsamer elterlicher Sorge
→ Regelung von Unterhaltsfragen
→ Finanzierung der neuen Haushalte
→ Vermögensauseinandersetzung / Zugewinnausgleich
→ wer die Schulden bezahlt
→ die Regelung der Verhältnisse an der Ehewohnung
→ Aufteilung des Hausrats.

So funktioniert Mediation

Mediatoren können aus verschiedenen Berufen kommen, also Anwalt, Psychologe oder Soziologe sein. Mediatoren machen eine umfangreiche Zusatzausbildung. Adressen von Mediatoren bekommen Sie bei der Industrie- und Handelskammer oder beim Anwaltsverein in Ihrer Stadt (→ Service, S. 122). Das Mediationsverfahren ist genau strukturiert (in fünf Phasen)und folgt vorgeschriebenen Regeln.

→ **Erste Phase: Erarbeitung des Mediationsvertrages**
Hier geht es um die Frage, ob sich das Verfahren für die Konfliktpartner überhaupt eignet und die Spielregeln des Verfahrens akzeptiert werden. Spielregeln sind zum Beispiel: Offenheit für alle wesentlichen Fragen; die Verpflichtung, alle erforderlichen Informationen zu erteilen; Vertraulichkeit über das Erfahrene zu wahren; respektvoller Umgang miteinander; zuhören und ausreden lassen; Eigenverantwortlichkeit übernehmen im Sinne von

Die Mediation bietet einen Rahmen, um sich über die gemeinsame elterliche Sorge zu einigen.

Eigengerechtigkeit entwickeln; sich verpflichten, während des Mediationsverfahrens keine Vermögensveränderungen ohne Zustimmung des anderen durchzuführen.

→ **Zweite Phase: Zusammenstellung der regelungsbedürftigen Inhalte**
Die Eheleute stellen eine »Konfliktliste« auf und klären, wo sie übereinstimmen und in welchen Bereichen gemeinsam eine Lösung gefunden werden soll.

→ **Dritte Phase: Bearbeitung der strittigen Themenbereiche**
Zunächst werden alle für die Problembearbeitung wichtigen Informationen zusammen-

getragen, zum Beispiel über die Vermögenssituation oder Probleme mit den Kindern. Haben die Eheleute völlig unterschiedliche Vorstellungen, wie etwas sein soll, geht es jetzt darum, diese »Positionen« zugunsten von »Bedürfnissen« aufzugeben. Mit Hilfe des Mediators versuchen die Ehepartner herauszufinden, welches Bedürfnis bei jedem hinter seiner Position steht, etwa wenn der Ehemann keinen Unterhalt bezahlen will oder die Ehefrau die Kinder nicht zu längeren Besuchen zum Vater lassen möchte.

→ Vierte Phase: Lösungen entwickeln

Es werden Optionen für Lösungen entwickelt, indem Hypothesen, Fantasien, mögliche Szenarien angesprochen werden und erörtert wird, was für die Eheleute davon tragbar sein könnte. Die Möglichkeiten, auf die die Eheleute sich einigen können, werden vorläufig vereinbart.

Bei der Mediation hilft ein neutraler Dritter den Eheleuten, Vereinbarungen zu treffen.

→ Fünfte Phase: Abschluss der Vereinbarung

Die gemeinsam gefundenen Lösungen werden schriftlich fixiert und von den Anwälten der Eheleute überprüft. Die juristische Seite muss stimmen. Liegen Verzichte vor, zum Beispiel wenn Frauen nicht auf dem vollen nachehelichen Unterhalt bestehen, sondern sich mit einem geringeren Teil begnügen, muss klargestellt werden, ob das wirklich sinnvoll ist.

Anschließend kann die Vereinbarung notariell beurkundet oder gerichtlich protokolliert werden. Mit der Unterzeichnung ist das Mediationsverfahren abgeschlossen.

Was Mediation kostet

Mediation ist teuer. Der Stundensatz vieler Mediatoren wird mit 175 Euro angegeben. Die bei Mediatoren übliche Doppelstunde kostet damit 350 Euro. Die Kostenfaktoren setzen sich in der Regel aus den einzelnen Mediationsphasen zusammen, die alle durchlaufen werden müssen – und das kostet Zeit. Wieviel ist individuell verschieden. Mit zehn Doppelstunden muss man aber rechnen.

Was am Mediationsverfahren problematisch ist

Die Eheleute treffen in einer Phase aufeinander, in der sie in der Regel hochgradig zerstritten sind. Sie möchten sich zwar gern vernünftig einigen, überschätzen aber ihre Fähigkeit, sich mit dem anderen zur Erarbeitung einer sachgerechten Lösung zu-

sammenzusetzen und sich wirklich auseinander zu setzen.
Wenn die Mediation scheitert und es zur streitigen Scheidung kommt, fühlen sich die Eheleute meist verraten und verkauft, weil sie über persönliche Dinge gesprochen, zum Beispiel Einkünfte offengelegt, eine neue Beziehung erwähnt haben. Trotz Verpflichtung zur Verschwiegenheit werden diese vertraulichen Äußerungen in den Prozess eingeführt, um daraus Vorteile zu ziehen. Aus der sanften Scheidung wird so leicht die schreckliche Scheidung.
Beim Scheitern einer Mediation besteht auch die Gefahr rechtlicher und finanzieller Nachteile.
Wenn man beispielsweise bei der Mediation einen bestimmten Unterhalt vereinbart und um des lieben Friedens willen kein offizielles Forderungsschreiben an den Ehepartner geschickt hat, kann es hinterher zu Problemen kommen. Zahlt zum Beispiel der Mann nur 1000 statt der vereinbarten 1500 Euro, hat die Frau nach dem Scheitern der Mediation keine Möglichkeit mehr, ihren Unterhalt für die Vergangenheit zu fordern.
Ebenfalls ein Problem, das häufig auftaucht: Hinterher stellt sich heraus, dass der Ehepartner bei der Mediation nur mitgemacht hat, um Zeit zu gewinnen, beispielsweise um sein Vermögen zu verschieben. Betroffene berichten dann: »Hätte ich den Scheidungsantrag gleich eingereicht, wie ich es ursprünglich wollte, hätte der Stichtag für die Berechnung des Zugewinns festgestanden. Als die Mediation scheiterte, war nicht mehr viel da. Ich habe seine Geldausgaben zwar als illoyale Vermögensminderung in den Gerichtsprozess eingebracht, aber beweisen konnte ich die genaue Höhe nicht.«
Besondere Vorsicht muss man auch walten lassen, wenn es im Mediationsverfahren zu einer Regelung des Unterhalts kommt. Wichtig ist, dass die Möglichkeiten der Abänderbarkeit mit aufgenommen werden.

Wann Mediation sinnvoll ist

Geht es um das Sorge- und Umgangsrecht, kann das Mediationsverfahren eine gute Chance bieten, dass sich die Eltern zum Wohle der Kinder auseinander setzen, die Bedürfnisse ihrer Kinder erkennen und sich danach richten. Auch die Frage, wer in der bisherigen Ehewohnung bleiben darf und wie der Hausrat zu verteilen ist, kann mit Hilfe der Mediation zu sinnvollen Ergebnissen führen.
Schwieriger wird es, wenn es um Geld, Vermögen und Schulden geht, weil hier beim Scheitern der Mediation massive Rechtsverluste auftreten können. Deshalb sollten Sie vor Beginn der Mediation die rechtlichen Schritte unternehmen, die nötig sind, um keine Rechtspositionen zu verschenken.
Zum Beispiel die Gegenseite auffordern, den gesetzlichen Unterhalt zu zahlen, Auskunft über die Einkommens- und Vermögenssituation zu geben, den Stand der Schulden festzuhalten.
Eine andere gute Möglichkeit ist es, gerade in diesen Fragen der unterhalts- und vermögensrechtlichen Auseinandersetzung mit zwei fachkundigen und ausgleichsbereiten Anwälten als Streitschlichtern ein sinnvolles Paket zu schnüren. Das kann schneller, billiger und gerechter sein.

interview

Irgendwann haben wir beide gemerkt, dass eine Trennung richtig ist. Wir wollten fair miteinander sein und vor allem die Kinder nicht mit in unseren Streit hineinziehen. Wir haben geredet und geredet: wer in der Wohnung bleibt, wovon wir leben, wie es weitergehen kann. Wie rohe Eier haben wir uns behandelt. Und das war richtig: Am Ende haben wir auch tatsächlich vernünftige Lösungen gefunden.

DIE TRENNUNGSZEIT REGELN

Wer in der Ehewohnung bleibt und wer auszieht

Während des Getrenntlebens geht es häufig darum, dass zumindest für die Dauer der Trennung nur ein Ehepartner die Ehewohnung nutzt. Aber wer soll ausziehen, wer bleiben oder wer darf welche Zimmer bewohnen? Hinzu kommt, dass die Ehewohnung für einen Ehepartner oftmals allein zu groß und auch zu teuer ist. Trotzdem möchten viele ungern etwas aufgeben, an das sie sich gewöhnt haben. Die Kinder gehen in der Nähe zur Schule, alles hat sich im Laufe der Jahre eingespielt und erleichtert so auch den Alltag und deshalb möchte man nicht weg oder den Stress des Umzugs nicht auf sich nehmen. Es handelt sich ja auch noch um eine vorläufige

wichtig

Zur Ehewohnung gehören alle Räume, die die Ehegatten dauerhaft zu ihrem Lebensmittelpunkt gemacht haben. Und deshalb zählt dazu auch die Ferienwohnung.

Regelung, denn die endgültige Entscheidung erfolgt erst im Zusammenhang mit der Scheidung (→ Kapitel »Endgültige Regelungen zur Ehewohnung«, S. 102).
Da die Ehe durch das Grundgesetz unter den besonderen Schutz des Staates gestellt ist, ergeben sich bei Trennung und Scheidung Besonderheiten in den rechtlichen Auswirkungen des Zusammenlebens in der Ehewohnung. Und deshalb kommt es auch nicht darauf an, ob beide oder einer der Ehegatten Mieter oder Eigentümer der Ehewohnung sind oder ob die Wohnung nach der Satzung einer Genossenschaft oder eines Vereins nur für Mitglieder bestimmt ist, wenn es darum geht, wer die Wohnung weiter benutzen darf. Es kommt darauf an, für wen die Wohnung jetzt wichtiger ist!
Wenn die Eheleute allein keine Lösung finden, entscheidet auf Antrag das Familiengericht. Das Gericht hat auch die Möglichkeit, die Ehewohnung zwischen den Eheleuten aufzuteilen und einzelne Zimmer zur Benutzung zuzuweisen. Im Zusammenhang mit einer solchen Zuweisung kann das Gericht aber auch über ein Betretungsverbot entscheiden, mit dem einem Ehegatten untersagt wird, die Ehewohnung zu betreten. Auch eine Räumungsfrist kann festgesetzt werden, innerhalb derer der Ehepartner ausziehen muss. Für solch ein Betretungsverbot müssen aber besondere Gründe vorliegen: Eine »schwere Härte« verlangt das Gesetz seit dem neuen Gewaltschutzgesetz, das ab Anfang 2002 gelten soll, nicht mehr. Jetzt reicht eine »unbillige Härte«, also grob rücksichtsloses Verhalten aus. Das ist insbesondere der Fall, wenn sich ein Ehepartner in hohem Maße unbeherrscht und unberechenbar zeigt, die Wohnung demoliert oder Ehefrau und Kinder drangsaliert. Bei seiner Entscheidung berücksichtigt das Gericht das schützwürdige Interesse der Parteien und deren Kinder am Verbleib in der Wohnung. Ist es zum Beispiel für die Kinder besser, wenn sie in ihrem vertrauten Umfeld bleiben, muss der Erwachsene zurückstehen. Dabei ist auch zu bedenken, dass der Ehepartner, der sich nicht um die Kinder kümmern muss, eher in der Lage sein wird, sich Ersatzraum zu beschaffen als der Ehegatte, der die Kinder betreut.
Besonderheiten ergeben sich bei einer Wohnung oder einem Haus, das im Alleineigentum eines Ehepartners oder im Miteigentum eines Ehepartners mit einem Dritten, zum Beispiel den Eltern oder Geschwistern steht. In einem solchen Fall kann der Nichteigentümer im Rahmen des Trennungs- und Scheidungsverfahrens ein Wohnungszuweisungsverfahren nach der Hausratsverordnung beim Familiengericht beantragen. Auch wenn grundsätzlich die Wohnung dem Eigentümer-Ehegatten zuzuweisen ist, kann

Wer auszieht und wer bleibt, ist eine der Fragen, die man bei der Trennung klären muss.

eine andere Regelung erfolgen, um eine unbillige Härte zu vermeiden, zum Beispiel, wenn die Belange der Kinder betroffen sind. In solchen Fällen ist es unter Umständen sinnvoll, den Umzug auf einen späteren Zeitpunkt zu verschieben.

Wie der Hausrat verteilt wird

Bei Trennung und Scheidung muss eine Einigung über den Hausrat erfolgen. Häufig gibt es Streit darüber, was Hausrat ist oder was in den Zugewinnausgleich fällt.

Zum Hausrat gehören alle Gegenstände, die nach den Vermögens- und Lebensverhältnissen der Eheleute und der Kinder für ihr Zusammenleben und ihre Wohn- und Haushaltsgemeinschaft bestimmt sind. Hierzu können auch Luxusgegenstände wie antike Vasen, Gemälde und echte Teppiche gehören, sofern sie von der Familie als Hausratsgegenstände genutzt werden.

Autos zählen zum Hausrat, wenn sie der gesamten Familie dienten, zum Beispiel für Einkaufs- und Urlaubsfahrten, Wege zur Schule und zum Sport. Ist das nicht der Fall, wird der Wert des Autos im Zugewinn ausgeglichen.

Wenn einer der Ehepartner, beispielsweise die Frau, während der Ehe die meisten Gegenstände angeschafft hat, also nicht nur den Fernseher und das Sofa, sondern auch die Waschmaschine, die CD-Sammlung und die Küchenmaschine bezahlt hat, stellt sich oft die Frage, wer diese Dinge jetzt mitnehmen darf. Dafür gibt es eine ganz klare Regel: Egal wer bezahlt hat, die Sachen, die während der Ehe für den gemeinsamen Haushalt angeschafft wurden, gehören dem Ehepaar gemeinsam.

Was vor der Ehe für den gemeinsamen Haushalt erworben, aber erst während der Ehe ganz oder teilweise bezahlt wurde, gehört den Eheleuten ebenfalls gemeinsam. Das gleiche gilt für Geschenke, die anlässlich der Hochzeit oder aus anderen Gründen den Eheleuten während der Ehe gemeinsam geschenkt wurden.

Zum Alleineigentum eines Ehepartners zählen die Sachen, die er in die Ehe eingebracht hat, und die Sachen, die er für sich selbst erworben hat oder persönlich geschenkt bekommen oder geerbt hat. Wurden Gegenstände während der Ehe ersetzt, weil die alten kaputt gegangen waren, so gehören die neu ersetzten auch dem Ehepartner allein, der sie ersetzt hat.

Nach der Trennung angeschaffte Gegenstände, die für das Getrenntleben bestimmt sind, fallen

tipp

Wer beim Auszug welche Gegenstände mitnehmen darf, sollte ausführlich besprochen werden. Gehen Sie am besten gemeinsam mit Ihrem Partner durch die Wohnung und heften Sie an die Gegenstände, die bleiben (oder mitgehen) einen »Kuckuck«. So bekommen Sie einen Überblick und vermeiden, dass beim Auszug die geliebte grüne Vase doch für immer verschwindet.

nicht in den Hausrat, sondern sind ebenfalls im Zugewinnausgleich zu berücksichtigen, allerdings nur dann, wenn sie bei Zustellung des Scheidungsantrages bereits vorhanden sind. Was später gekauft wird, bleibt ohne Berücksichtigung, weil der Stichtag für die Vermögensauseinandersetzung der Tag der Zustellung des Scheidungsantrages ist.
Beim Streit über die Eigentumsverhältnisse gilt zunächst die gesetzliche Vermutung des gemeinsamen Eigentums. Das Alleineigentum muss derjenige beweisen, der sich darauf beruft. Deshalb: Bewahren Sie die Belege auf!
Da es nicht immer einfach ist, den Hausrat vernünftig und interessengerecht aufzuteilen, macht man sich am besten eine Liste. Berücksichtigen Sie beim Erstellen zum Beispiel folgende Kriterien:

→ Welche Bedeutung haben die Gegenstände im Zusammenhang mit der Kindesbetreuung? Eine Waschmaschine etwa würde im Haushalt bleiben, in dem die Kinder leben, ebenso ein Trockner und dergleichen.
→ Welche Bedeutung haben die Gegenstände im Zusammenhang mit der Berufstätigkeit eines Ehepartners? Ein PC etwa, mit dem ein Ehepartner beruflich arbeitet.
→ Welche Gegenstände sind »Lieblingssachen« eines Ehepartners?

Wenn Sie sich nicht einigen können, entscheidet das Familiengericht auf Antrag eines Ehepartners nach »billigem Ermessen«. Der Richter versucht dann, eine interessengerechte Verteilung. Eine Zuweisung bestimmter Gegenstände kann auch unabhängig von den Eigentumsverhältnissen erfolgen, wenn es sich um Hausrat handelt, den der andere dringend benötigt.
Wenn Sie feststellen, dass beispielsweise Ihr Ehemann wertmäßig mehr bekommen hat als Sie, kann das Familiengericht aus Billigkeitsgründen ihm ausnahmsweise eine Ausgleichszahlung auferlegen oder Ihnen Gegenstände aus dem Alleineigentum zuweisen.
Allerdings ist eine Ausgleichszahlung die absolute Ausnahme. Einen isolierten Ausgleichsanspruch in Geld kennt das Hausratsverfahren nicht. Ein Ehepartner kann also nicht auf Hausrat verzichten und dafür Geld fordern.
Wichtig: Bei der Bemessung der Ausgleichszahlung ist vom Verkehrswert (Wiederbeschaffungswert der gebrauchten Sachen) auszugehen, nicht etwa vom Neuanschaffungspreis. Gebrauchte Möbel beispielsweise sind in der Regel fast nichts mehr wert, also lieber mitnehmen.

Bei wem die Kinder bleiben

Mit der dauerhaften Trennung stellt sich die Frage, was mit den Kindern geschieht. Wer wird in Zukunft für sie sorgen, bei wem werden sie wohnen und wie werden sie die Trennung der Eltern verkraften? »Werden sie mich besuchen, vergessen sie mich, verliere ich den Kontakt zu meinen Kindern?« Das fragt sich so mancher Elternteil, der von zu Hause auszieht und damit der Familie den Rücken kehrt. Der andere Elternteil wiederum befürchtet, die Kinder könnten ihm entfremdet werden und vielleicht gar nicht mehr zurück wollen, wenn sie zu oft beim ehemaligen Partner zu Besuch sind. Und die Kinder? Sie wollen wohl am liebsten beide: Mama + Papa.

wer was entscheidet

Neues Kindschaftsrecht

- ✔ Der Elternteil, der das Kind betreut, entscheidet allein über Angelegenheiten des täglichen Lebens.
- ✔ Der Elternteil, bei dem das Kind zu Besuch ist, entscheidet in dieser Zeit allein in Angelegenheiten der tatsächlichen Betreuung.
- ✔ Gemeinsam entscheiden die Eltern nur in bedeutenden Angelegenheiten.

Um so wichtiger ist es, in diesen Fragen von so großer emotionaler Bedeutung von vornherein offen zu sein und alles vor dem Auszug zu klären. Eltern kämpfen oftmals mit erbitterter Härte um das Kind. Nicht verarbeitete Kränkungen im Zusammenhang mit Trennung und Scheidung führen häufig dazu, dass auf dem Rücken der Kinder weiter gestritten wird. Zögern Sie nicht, Hilfe zum Beispiel des Jugendamtes oder eines Therapeuten in Anspruch zu nehmen, wenn Ihnen der Streit über den Kopf wächst.

Entscheidend ist nach dem neuen Kindschaftsrecht, das seit 1.7.1998 in Kraft ist, dass die Eltern nach der Trennung grundsätzlich die gemeinsame elterliche Sorge für ihre minderjährigen Kinder behalten, wenn sie dies wünschen. Beide Elternteile sind nach wie vor sorgeberechtigt. Juristisch läuft alles wie bisher, die Eltern tragen weiterhin gemeinsam die Verantwortung.

In Wirklichkeit ist die gemeinschaftliche Sorge nach dauerhafter Trennung der Eltern aber nicht mehr gemeinschaftlich. Vielmehr werden die Entscheidungskompetenzen dem hauptsächlich betreuenden Elternteil übertragen und der andere Elternteil hat nur ein Mitbestimmungsrecht, wenn es um wesentliche Angelegenheiten der elterlichen Sorge geht.

Was Eltern bei gemeinsamer Sorge entscheiden

Viele Eltern sind in der Lage, ihre Konflikte, die sie als Paar austragen, von ihrer Elternschaft zu trennen. Wenn sie zur Kooperation bereit und fähig sind, kann die gemeinsam ausgeübte elterliche Sorge Kindern auch über

Trennung und Scheidung hinaus eine beruhigende Sicherheit geben. So leben zwar viele Kinder hauptsächlich bei einem Elternteil, verbringen aber viele Wochenenden beim anderen Elternteil und besprechen dann auch mit ihm, was die Woche über gelaufen ist. Natürlich wird und muss der Elternteil, bei dem das Kind täglich lebt, auch alle Entscheidungen für das Kind treffen, die im Alltag täglich anfallen.

Aber beide Elternteile sind verantwortlich für die Belange des Kindes. Das klingt selbstverständlich, ist es aber im täglichen Umgang keinesfalls. Wer möchte seinem Ex schon gern erzählen, dass die Wohnung umgeräumt wurde, weil der neue Freund eingezogen ist oder dass die Versetzung des Kindes gefährdet ist, weil eine Fünf in Mathe und eine in Chemie zu erwarten ist.

Was allein entschieden werden darf und was gemeinsam, kann zum Zankapfel werden. Als Orientierungshilfe sind nachstehend einige Beispiele zusammengestellt. Wenn Sie sich gar nicht einigen können, holen Sie Rechtsrat ein.

Wer entscheiden darf – Beispiele aus der Rechtsprechung

Aufenthalt

→ Gemeinsam: Grundentscheidung, bei welchem Elternteil das Kind lebt, Wohnsitz des Kindes.

→ Allein: Aufenthaltsbestimmung im einzelnen (zum Beispiel Wahl des Wohnsitzes, Teilnahme an einem Ferienlager, Besuch bei den Großeltern etc.).

Fragen der Religion

→ Grundsätzlich gemeinsam

Wenn die Kinder beim Vater zu Besuch sind, entscheidet er über die alltäglichen Dinge.

Geltendmachen von Unterhalt

→ Allein: Steht die elterliche Sorge für ein Kind den Eltern gemeinsam zu, so kann der Elternteil, in dessen Obhut sich das Kind befindet, Unterhaltsansprüche des Kindes gegen den anderen Elternteil geltend machen.

Gesundheit

→ Gemeinsam: Operationen (außer in Eilfällen), medizinische Behandlungen mit besonderem Risiko, grundlegende Entscheidungen der Gesundheitsvorsorge.

→ Allein: Behandlung leichterer Erkrankungen üblicher Art (beispielsweise Erkältungen), alltägliche Gesundheitsvorsorge, Routineimpfungen, regelmäßiger Zahnarztbesuch.

Kindergarten/Schule/Ausbildung

→ Gemeinsam: Wahl des Kindergartens (städtisch, Waldorf, Montessori), der Schulart und der Schule, Ort der Ausbildungsstätte wie Ganztagsschule, Internat oder Gymnasium, Schulwechsel, Bestimmung der ersten Fremdsprache, Abschluss eines Lehrvertrages.

→ Allein: Entschuldigung im Krankheitsfall, Teilnahme an Sonderveranstaltungen, Notwendigkeit von Nachhilfe, Auswahl der Wahlfächer, Teilnahme am Schulchor, Besuch von Elternabenden in Kindergarten und Schule, Unterschreiben von Zeugnissen.

Namensfragen

→ Gemeinsam: Wie soll das Kind heißen?

Umgang

→ Gemeinsam: Grundsätzliche Entscheidungen, beispielsweise mit wem und wie häufig ein Kind mit bestimmten Menschen Umgang haben darf. Wie lange es aufbleiben darf, ob es bei Freunden übernachten darf.

→ Allein: Einzelentscheidungen im täglichen Leben, etwa Kontakte des Kindes zu Nachbarn und Schulfreunden, Besuch bei Verwandten.

Vermögenssorge

→ Gemeinsam: Grundlegende Fragen der Anlage von Kindesvermögen (Wertpapiere etc.) und der Verwendung von Geldvermögen.

→ Allein: vergleichsweise unbedeutende Angelegenheiten wie das Anlegen eines Sparbuchs fürs Taschengeld, Verwaltung von kleineren Geldgeschenken.

Wenn Eltern sich nicht einigen können

Gemeinsame elterliche Sorge heißt nicht automatisch, dass beide Eltern auch immer einer Meinung sind. Das Gesetz verpflichtet die Eltern zwar dazu, die elterliche Sorge »in eigener Verantwortung und in gegenseitigem Einvernehmen zum Wohle des Kindes auszuüben« und bei Meinungsverschiedenheiten in jedem Fall zuerst den Versuch einer Einigung zu unternehmen. Was aber, wenn das alles nicht klappt?

In diesen Fällen gibt es folgende Möglichkeiten:

→ Ein Elternteil kann beantragen, dass ihm die elterliche Sorge ganz oder teilweise allein übertragen wird (→ Kapitel »Die Kinder reden mit«, S. 66).

→ Geht es um die Regelung von Einzelkonflikten, zum Beispiel um den Streit über sportliche Aktivitäten, um den Aufenthalt des Kindes in einem Internat oder einem Landschulheim während der Ferien, kann ein Elternteil beantragen, dass ihm diese anstehende Frage zur alleinigen Entscheidung übertragen wird.

→ Bei Kindeswohlgefährdung kann das Familiengericht von Amts wegen einschreiten und die zur Abwendung erforderlichen Maßnahmen anordnen. In drastischen Fällen von Kindesmissbrauch wird das Kind sogar von den Eltern getrennt und vorübergehend in einem Heim untergebracht.

tipp

Bedenken Sie, dass das Kindeswohl und das Interesse des Kindes im Vordergrund stehen.
Deshalb geht kein Weg daran vorbei, dass Sie auch nach der Trennung viele Fragen gemeinsam besprechen und klären, was für die Kinder das Beste ist. Sie bleiben Eltern, trotz Trennung. Es gibt keine Exeltern.

Zu Besuch bei Mama oder Papa

Besonders wichtig ist, dass die Kinder wissen: Papa oder Mama bleiben erreichbar, auch wenn einer von beiden ausgezogen ist. Sind die Kinder so klein, dass sie noch nicht schreiben können, helfen Sie ihnen, den persönlichen Kontakt zum andern Elternteil zu halten, indem Sie zum Beispiel zum Telefon greifen und Mamas oder Papas Nummer wählen.
Sind Sie derjenige, der ausgezogen ist, schreiben Sie ab und zu kleine Karten und zeigen dadurch, dass Sie an Ihre Kinder denken. Jeder bekommt gern Post.
Regeln Sie von Anfang an die Besuchstage und planen Sie rechtzeitig einen gemeinsamen Urlaub mit den Kindern. Stimmen Sie die Termine mit Ihrem Ehepartner rechtzeitig ab (→ »Umgangsregelungen«, S. 68, und die Mustervereinbarung zur Regelung des Umgangs- und Besuchsrechts, S. 72).

Wie viel Unterhalt den Kindern zusteht

Kinder müssen versorgt werden, nicht nur emotional, sondern auch finanziell. Deshalb wird Kindesunterhalt für sie bezahlt, wenn die Eltern sich trennen. Der Elternteil, bei dem das Kind lebt, erfüllt seine Unterhaltsverpflichtung durch die Versorgung und Betreuung des Kindes, er leistet den sogenannten *Naturalunterhalt.*
Der andere Elternteil zahlt den sogenannten *Barunterhalt.* Beides ist gleichrangig. Allerdings kann sich eine Beteiligung am Barunterhalt ergeben, wenn der betreuende Elternteil in wesentlich besseren wirtschaftlichen Verhältnissen lebt als der barunterhaltspflichtige Elternteil. Der Bedarf des Kindes wird grundsätzlich anhand der Einkommensverhältnisse des barunterhaltspflichtigen Elternteils bestimmt.
Gegenüber minderjährigen Kindern gibt es eine erweiterte Unterhaltsverpflichtung. Diese Verpflichtung gilt ebenso gegenüber ihnen gleichgestellten volljährigen Kindern, die das 21. Lebensjahr noch nicht vollendet haben, bei den Eltern oder einem Elternteil wohnen und die allgemeine Schulausbildung noch nicht abgeschlossen haben.
Schon manch einer hat mit der Begründung, nichts zu verdienen oder nur Schulden zu haben, versucht, keinen Unterhalt zu bezahlen. Aber das funktioniert nicht, denn: Der Elternteil, der zum Unterhalt verpflichtet ist, wird zu noch mehr verpflichtet: zu gesteigerter Ausnutzung der Arbeitskraft. Er muss also praktisch jeden Job annehmen, auch Aushilfs- und Gelegenheitsarbeiten.
Der Kindesunterhalt ist, nach Alterstufen und Einkommensgruppen aufgegliedert, in der sogenannten *Düsseldorfer Tabelle* geregelt (→ Abbildung, S. 24) und gilt für minderjährige und volljährige Kinder.
Die Tabellensätze sind auf den Fall zugeschnitten, dass der Unterhaltspflichtige einem Ehegatten und zwei Kindern Unterhalt zu zahlen hat. Sind mehr oder weniger Unterhaltsberechtigte vorhanden, sind in der Regel Ab- oder Zuschläge durch Einstufung in die nächst niedrigere oder nächst höhere Einkommensgruppe vorzunehmen. Reicht das verfügbare Einkommen nicht aus, erfolgt eine »Mangelberechnung«, das bedeutet, dass das

verfügbare Einkommen so aufgeteilt wird, dass jeder Berechtigte etwas bekommt.
Liegt das Einkommen des Unterhaltsverpflichteten über dem höchsten Tabellensatz von 4800 Euro, erfolgt die Festlegung des Kindesunterhalts nach den Umständen des Falles.
Die Kosten, die das Kind verursacht, etwa für Ernährung, Wohnen, Urlaub, Kleidung, Sportunterricht oder Musikunterricht werden zusammengestellt.
Wichtig: In den Unterhaltsbeträgen der Düsseldorfer Tabelle sind die Beiträge zur Kranken-und Pflegeversicherung nicht enthalten. Sie müssen zusätzlich gezahlt werden.

düsseldorfer tabelle

Kindesunterhalt (Alle Beträge in Euro; Stand: 1.1.2002)

Nettoeinkommen des Barunterhaltspflichtigen		Altersstufen in Jahren (§ 1612a III BGB)				Vom-hundertsatz	Bedarfskontrollbedarf
		0–5	6–11	12–17	ab 18		
1.	bis 1300	188	228	269	311	100	730/840
2.	1300–1500	202	244	288	333	107	900
3.	1500–1700	215	260	307	355	114	950
4.	1700–1900	228	276	326	377	121	1000
5.	1900–2100	241	292	345	399	128	1050
6.	2100–2300	254	308	364	420	135	1100
7.	2300–2500	267	324	382	442	142	1150
8.	2500–2800	282	342	404	467	150	1200
9.	2800–3200	301	365	431	498	160	1300
10.	3200–3600	320	388	458	529	170	1400
11.	3600–4000	339	411	485	560	180	1500
12.	4000–4400	358	434	512	591	190	1600
13.	4400–4800	376	456	538	622	200	1700
14.	über 4800	nach Umständen des Falles					

Manchmal gibt es zusätzlich Sonderbedarf oder Mehrbedarf (→ Kapitel »Die Kinder reden mit«, S. 66).
Wichtig: Rückständige Unterhaltsbeträge aus der Zeit vor dem 1.1.2002 sind in Deutscher Mark zu errechnen, nach dem amtlichen Kurs (1,95583) in Euro umzurechnen und als Euro-Beträge auszuurteilen, da ab 1.1.2002 die Währungseinheit Deutsche Mark nicht mehr verwendet wird. Für diese Berechnungen können Sie die Düsseldorfer Tabelle in DM beim Jugendamt oder im Internet erhalten.

Kindesunterhalt für ein volljähriges Kind

Der Unterhaltsbedarf eines volljährigen Kindes richtet sich grundsätzlich nach der Altersgruppe 4 (ab 18) der Düsseldorfer Tabelle. Die Besonderheit beim Volljährigenunterhalt gegenüber dem Minderjährigenunterhalt ist, dass das zusammengerechnete verfügbare Einkommen der Eltern der Einstufung in die Einkommensgruppe der Tabelle zugrunde gelegt wird. Die Eltern teilen dann im Verhältnis ihrer Einkommen die Unterhaltszahlung zwischen sich auf. Ein volljähriges Kind, das nicht bei seinen Eltern oder einem Elternteil wohnt, hat in der Regel einen Unterhaltsbedarf in Höhe von 600 Euro monatlich. Hinzu kommen die Kosten für Kranken- und Pflegeversicherungsbedarf.

Wie die Anrechnung des Kindergeldes erfolgt

Mit dem Gesetz zur Ächtung der Gewalt in der Erziehung und zur Änderung des Kindesunterhaltsrechts trat zum 1.1.2001 eine Neuregelung der Kindergeldanrechnung in Kraft. Danach gilt: Das auf das jeweilige Kind entfallende Kindergeld ist grundsätzlich zur Hälfte auf den Tabellenunterhalt anzurechnen. Die Anrechnung unterbleibt aber solange, bis der Unterhaltspflichtige einen Unterhalt in Höhe von 135% des Regelbetrages der jeweiligen Altersstufe bezahlt. Damit soll sichergestellt werden, dass das Kind wenigstens einen monatlichen Unterhalt gemäß der sechsten Einkommensstufe der Düsseldorfer Tabelle abzüglich der Hälfte des Kindergeldes

unterhalts-berechnung

Das Ehepaar N. hat zwei Kinder im Alter von 4 und 12 Jahren. Die Mutter betreut die Kinder, sie bekommt Unterhalt. Der Vater ist berufstätig und verdient monatlich netto (bereinigt) 2400 Euro.

- ✔ Für das vierjährige Kind erfolgt eine Einstufung in Altersstufe 1 mit 267 Euro.
- ✔ Für das zwölfjährige Kind in Altersstufe 3 mit 382 Euro.
- ✔ Das Kindergeld beträgt bis zum dritten Kind je 154 Euro (ab dem 4. Kind 179 Euro) und wird in der Regel zur Hälfte auf den Unterhaltsbetrag angerechnet.
- ✔ Die Mutter bekommt also insgesamt an Kindesunterhalt: 649 Euro + 154 Euro = 803 Euro.

unterhalt einfordern

Sie haben folgende Möglichkeiten, wenn der Kindesunterhalt nicht gezahlt wird:

- ✔ Kostenlos und ohne Rechtsstreit erstellt das Jugendamt eine Urkunde, in der der Unterhalt festgelegt wird, die sogenannte Jugendamtsurkunde. Sie gilt für minderjährige und volljährige Kinder bis zur Vollendung des 21. Lebensjahres. Das vereinfachte Verfahren ermöglicht die Erlangung eines »Vollstreckungstitels für das Existenzminimum«.
- ✔ Sie können eine Unterhaltsklage beim Familiengericht am Wohnsitz des Kindes einreichen oder im Eilverfahren eine Einstweilige Anordnung beantragen, wenn Sie trotz Aufforderung kein Geld für das Kind bekommen.
- ✔ Vereinbarung in notarieller Urkunde: Eltern können zu Gunsten Ihrer Kinder eine Vereinbarung über den zu zahlenden Kindesunterhalt treffen, in dem sie für eins oder mehrere Kinder mindestens den gesetzlichen Unterhalt in einer notariellen Urkunde festlegen. Meist wird über das Sorgerecht ebenfalls eine entsprechende Erklärung abgegeben.

erhält. Das klingt kompliziert, aber mit einem Beispiel wird es verständlicher:
Nehmen Sie die Düsseldorfer Tabelle (→ S. 24) zur Hand und verfolgen Sie die einzelnen Rechenschritte. Das Beispiel: Ein 4-jähriges Kind lebt bei der Mutter und der Vater muss Unterhalt zahlen.

→ Der Regelsatz der ersten Altersstufe (bis 5. Lebensjahr) beträgt 188 Euro, das Kindergeld beträgt 154 Euro für das 1. Kind. Jedem Elternteil steht davon die Hälfte zu. Würde nun das hälftige Kindergeld beim Vater mit 77 Euro angerechnet, müsste der Vater nur 111 Euro (188 minus 77) Kindesunterhalt an die Mutter zahlen. Sie hätte dann insgesamt 111 Euro + ihren Kindergeldanteil in Höhe von 77 Euro, insgesamt 188 Euro, um das Kind zu versorgen.

→ Die neue Regelung besagt, dass ein Kind aber mindestens 135% des Regelsatzes an Unterhalt haben soll, eine Art Existenzminimum. Das wären 188 x 135% = 254 Euro. Das ist die Ausgangsbasis, von der das hälftige Kindergeld abgezogen werden darf. Das bedeutet: 254 Euro minus 77 Euro = 177 Euro. Der Vater muss der Mutter also 177 Euro Kindesunterhalt zahlen und nicht wie vorher nur 111 Euro. Die Mutter hat jetzt 177 Euro + ihren Anteil am Kindergeld mit 77 Euro, insgesamt also 254 Euro und damit 135% des Regelsatzes.
Im Ergebnis bedeutet das, dass unabhängig vom Einkommen des Unterhaltsverpflichteten bis zur Einkommensgruppe 6 der Düsseldorfer Tabelle (2100–2300 Euro) der Kindesunterhalt einheitlich geregelt ist. Die weitere Konsequenz: Das Kind muss bis zu dieser Ein-

kommensstufe seines unterhaltsverpflichteten Elternteils nicht mehr auf Auskunft klagen, weil es darauf gar nicht mehr ankommt. Bis zu einem Einkommen von 2300 Euro ist immer der gleiche Kindesunterhalt zu zahlen. Die Beweislast hat sich also quasi umgekehrt. Es ist jetzt Sache des unterhaltspflichtigen Elternteils darzulegen, dass er weniger Einkommen als 2300 Euro hat.

Regelungen zum Unterhalt

Wer mit dem Partner eine Vereinbarung über den Unterhalt für das oder die Kinder treffen möchte, sollte einige Punkte vorher klären und in die Vereinbarung aufnehmen.

→ Wer erhält das Kindergeld und wie wird es auf den Unterhalt angerechnet? Seit dem 1.1.2001 bekommt der Unterhaltsverpflichtete nur dann das halbe Kindergeld angerechnet, wenn er 35% mehr als den bisherigen Regelunterhalt nach der Düsseldorfer Tabelle bezahlt.

→ Wem steht der Zählkindervorteil zu? (Zählkind ist Ihr Kind zum Beispiel, wenn es beim anderen Elternteil lebt und dieser auch das Kindergeld bekommt, das Kind bei Ihnen aber bei sonstigen Berechnungen berücksichtigt wird.)

→ Wem kommen Kinderfreibetrag und Ausbildungsfreibetrag steuerlich zugute? Diesem Ehegatten kommt insbesondere auch der Haushaltsfreibetrag für dauernd Getrenntlebende zugute.

→ Wer versichert das unterhaltsberechtigte Kind gegen Krankheit und wer trägt die Kosten der Grund- und einer eventuellen Zusatzversicherung?

→ Soll der Kindesunterhalt dynamisch festgelegt werden?

Wichtig: Wegen der neuen Kindergeldverrechnung sollte man folgende zusätzliche Formulierung in eine Vereinbarung aufnehmen: »Auf den Unterhalt ist das hälftige Kindergeld für ein erstes (oder zweites etc.) Kind anzurechnen, soweit dieses zusammen mit dem Unterhalt 135% des Regelsatzes übersteigt.«

Wenn Kinder Einkommen haben

Haben Kinder Einkommen, zum Beispiel Zinsen aus einem Sparbuch, Dividenden aus Aktien oder Einkünfte aus Berufstätigkeit, muss ein Teil dieses Einkommens für den eigenen Unterhalt verwendet werden. In welcher Höhe eine Anrechnung des Einkommens auf den

Einkünfte aus Schülerarbeit spielen bei der Berechnung des Unterhalts in der Regel keine Rolle.

Unterhalt erfolgt, hängt von den Umständen des Einzelfalles ab und davon, um welche Art von Einkünften es sich handelt.
Wichtig: Wegen der Gleichwertigkeit des von dem betreuenden Elternteil gewährten Betreuungsunterhalts und des von dem anderen Elternteil gezahlten Barunterhalts erfolgt die Anrechnung des Kindereinkommens auf den Barunterhalt nur zur Hälfte, damit jeder Elternteil gleichermaßen entlastet wird.
Einige Beispiele, welche Einkommen sich anrechnen lassen:
→ **Ausbildungsvergütung:** Ja, aber abzüglich ausbildungsbedingtem Aufwand wie Fahrtkosten zur Ausbildungsstelle, Ausbildungs- und Schulbedarf.
Manche Gerichte verlangen einen konkreten Nachweis, manche rechnen pauschal 75 Euro an.
→ **BaföG-Darlehen:** In der Regel ja.
→ **Freiwillige Leistungen Dritter:** Nein, wenn sie Geschenke für das Kind sind. Auf den Unterhalt wird nur angerechnet, wenn beispielsweise die Großeltern den Unterhaltspflichtigen entlasten möchten.
→ **Schülerarbeit:** Einkünfte aus Schülerarbeit werden grundsätzlich nicht angerechnet, weil Schüler keine Erwerbsobliegenheit haben. Ausnahme: teilweise Anrechnung dann, wenn der Verpflichtete quasi am Hungertuch nagt.
→ **Studentenarbeit:** Einkünfte eines Studenten aus einer neben dem Studium ausgeübten Erwerbstätigkeit sind grundsätzlich anrechnungsfrei, jedenfalls solange der Verpflichtete nicht den vollen Unterhalt zahlt. Darüber hinaus kommt eine Anrechnung nur in Betracht, wenn dies unter Berücksichtigung der beiderseitigen wirtschaftlichen Verhältnisse der Billigkeit entspricht.
→ **Waisenrente:** Ja, gilt in vollem Umfang als bedarfsmindernd.

Wovon Sie leben – Ehegattenunterhalt während der Trennungszeit

Über den Unterhalt gibt es den meisten Streit. Denn der eine will möglichst wenig zahlen, der andere möglichst viel haben. Hier hilft nur eins: Wissen, was man/frau braucht und was einem zusteht.
Mit der Trennung wird aus der gegenseitigen Verpflichtung, zum Familienunterhalt beizutragen, ein einseitiger Anspruch des bedürftigen Ehegattens gegen den unterhaltspflichtigen Ehepartner auf Zahlung von angemessenem Unterhalt in Geld, den sogenannten Trennungsunterhalt oder Getrenntlebensunterhalt. Wichtig dabei ist, dass Sie während der Trennungszeit auf den Unterhalt (falls er Ihnen zusteht) gar nicht wirksam verzichten können. In der Regel kann auch nicht verlangt werden, dass zum Beispiel die nichterwerbstätige Ehefrau sofort eine Arbeitsstelle annimmt.
Wichtig: Unterhalt gibt es nur bei Bedürftigkeit. Wer selbst genug hat, bekommt nichts. Es muß auch ein bestimmter Grund für die Unterhaltszahlung vorliegen (→ Auflistung möglicher Gründe, Kasten S. 30).

Was Ihnen zusteht

Ihr Unterhaltsanspruch setzt sich aus den nachfolgend erläuterten fünf Positionen zusammen:

bereinigtes einkommen

Darunter versteht man das Einkommen minus aller Abzüge

Das gehört zum Einkommen, z.B.:	Das gehört zu den Abzügen, z.B.:
✔ Arbeitseinkommen + Urlaubsgeld + Weihnachtsgeld + Zulagen + Sachvergütungen, z.B. PKW-Nutzung.	✔ Einkommensteuern.
✔ Tantiemen.	✔ Vorsorgeaufwendungen, z.B. Altersvorsorge, Krankenvorsorge, Arbeitslosenversicherung, Pflegeversicherung.
✔ Einkommen aus Kapital, z.B. Zinsen, Dividenden.	✔ Unterhaltszahlungen an die Kinder.
✔ Steuerrückvergütungen.	✔ Unterhaltszahlungen an vorherige Ehegatten.
✔ Einkünfte aus allen Einkunftsarten des Einkommensteuergesetzes.	✔ Berufsbedingter Aufwand, z.B. Arbeitskleidung, Fahrtkosten, PKW nur, wenn für Berufsausübung unerlässlich, Gewerkschaftsbeiträge, Fortbildungskosten.
✔ Einkommen aus »unzumutbarer« Tätigkeit wird in der Regel nicht in voller Höhe berücksichtigt. Beispiel: Eine Mutter mit zwei kleinen Kindern arbeitet halbtags.	✔ Darlehensraten nur, soweit der Nutzen beiden Ehegatten zufließt, z.B. Kreditraten für Anschaffungen von Möbeln für den gemeinsamen Haushalt oder das gemeinsam genutzte Auto, Darlehenstilgungen für das Haus nur während der Trennungszeit.

→ Elementarunterhalt

Mit dem Elementarunterhalt sollen die laufenden Lebensbedürfnisse des Unterhaltsberechtigten befriedigt werden und ihn in die Lage versetzen, den Lebensstandard aufrechtzuerhalten, der während der intakten Ehe gelebt wurde. Hierzu zählen insbesondere Aufwendungen für Wohnen, Verpflegung, Kleidung sowie Freizeitgestaltung, gesellschaftliche Anlässe und Gesundheitsfürsorge.

gründe für den unterhalt

- ✔ Betreuung minderjähriger gemeinschaftlicher Kinder.
- ✔ Eine Erwerbstätigkeit ist unzumutbar, wegen hohen Alters.
- ✔ Eine Erwerbstätigkeit ist unzumutbar, wegen Krankheit und Gebrechen.
- ✔ Sie sind arbeitslos.
- ✔ Das verdiente Geld reicht nicht aus.
- ✔ Eine begonnene Ausbildung muss noch beendet werden.
- ✔ Sonstige schwerwiegende Gründe liegen vor.

→ Krankenvorsorge-, Pflege- und Altersvorsorgeunterhalt

Während der Trennungszeit ist der unterhaltsberechtigte Ehegatte in der Regel beitragsfrei bei seinem Ehepartner mitversichert, wenn er mangels Berufstätigkeit nicht selbst versichert ist.
Fragen Sie aber bei der Krankenversicherung nach, ob Sie und gegebenenfalls die Kinder auch wirklich Versicherungsschutz genießen! Unter Umständen müssen Sie schon jetzt eine eigene Krankenversicherung abschließen. In jedem Fall wird das aber ab rechtskräftiger Ehescheidung so sein.
Den Altersvorsorgeunterhalt, also die Kosten einer angemessenen Absicherung für Ihr Alter sowie der Versicherung gegen Berufs- oder Erwerbsunfähigkeit, kann man ab Zustellung des Scheidungsantrages geltend machen. Die Höhe des Altersvorsorgeunterhalts entspricht dem vollen Beitragssatz zur gesetzlichen Rentenversicherung, bezogen auf ein (fiktives) Bruttoeinkommen des Unterhaltsberechtigten. Die Berechnung erfolgt überwiegend nach der so genannten *Bremer Tabelle*, in der die einzelnen Rechengrößen aufgelistet sind. Die einzelnen Rechenschritte können Sie in dem auf S. 34 aufgeführten Rechenbeispiel nachvollziehen.

→ Ausbildungsunterhaltsanspruch

Im Einzelfall kann auch schon während der Trennungszeit ein Anspruch auf Finanzierung einer Ausbildung vorliegen. Das ist dann der Fall, wenn zum Beispiel wegen der Geburt eines Kindes oder aus einem anderen, durch die Ehe bedingten Grund eine Ausbildung vorzeitig abgebrochen wurde.

→ Trennungsbedingter Mehrbedarf

Der trennungsbedingte Mehrbedarf wird geltend gemacht, wenn dem Unterhaltsberechtigten infolge der Trennung Mehrkosten entstehen, zum Beispiel durch die getrennte Haushaltsführung oder dadurch, dass er eine eigene Wohnung unterhalten muss.

→ Sonderbedarf

Neben dem laufenden Unterhalt können Sie einen Anspruch auf Zahlung von Sonderbedarf geltend machen, zum Beispiel die Kosten für die Säuglingserstausstattung, notwendige Umzugskosten; aber auch eine Brille, eine mehrjährige kieferorthopädische Behandlung, einen medizinisch verordneten Kuraufenthalt, soweit Ihre Krankenkasse diese Kosten nicht übernimmt.

Wie der Trennungsunterhalt berechnet wird

Es gibt feste Regeln, wie der Unterhalt zu berechnen ist. Die beiden Hauptmethoden sind der Quotenunterhalt bei niedrigen und mittleren Einkommen und der Bedarfsunterhalt bei hohen Einkommen.

Quotenunterhalt

Bei dieser Methode werden 3/7 (in manchen Bundesländern 3/5) des bereinigten Nettoeinkommens des Verdienenden ausgerechnet. Ist der Unterhaltsverpflichtete nicht mehr erwerbstätig, beträgt die Quote 1/2, weil der Erwerbstätigenbonus in Höhe von 1/7 wegfällt. Arbeiten beide Ehegatten, wird der Unterhalt nach der sogenannten *Differenzmethode* (→ S. 85) ermittelt, also die Quote aus der Differenz der beiden Einkommen gebildet.

Die grundlegende Entscheidung des Bundesgerichtshofs vom 13.6.2001 hat dafür gesorgt, dass der ständige Kampf um die Anrechnungsmethode, bei der das Einkommen der Unterhaltsberechtigten auf den Unterhalt angerechnet wurde, beendet ist.

Bedarfsunterhalt

Diese Methode orientiert sich am konkreten Bedarf des Unterhaltsberechtigten, weil das Einkommen des Unterhaltsverpflichteten so hoch ist, dass ein Quotenunterhalt unter Umständen höher ist, als der Lebenszuschnitt im Rahmen der Ehe war. Hat ein Ehepaar monatlich zum Beispiel 5000 Euro Einkommen, wird in der Regel davon ein Teil des Geldes für den Vermögensaufbau angespart. Deshalb bleiben diese Beträge bei der Unterhaltsberechnung außer Betracht. Der Bedarfsunterhalt kommt in der Regel bei einem bereinigten Nettoeinkommen des Unterhaltsverpflichteten in einer Größenordnung ab 5000 Euro zum Tragen. Allerdings wird das von Fall zu Fall entschieden.

Wichtig: Eigenes Einkommen des Unterhaltsberechtigten mindert den Bedarf, wobei das Einkommen aber um den Erwerbstätigenbonus von 1/7 (bzw. 1/5) gekürzt wird *und* um die üblichen »Bereinigungs«-Posten (→ Kasten S. 29).

mehrbedarf

Finden Sie die Höhe des trennungsbedingten Mehrbedarfs heraus: Tragen Sie Ihre Kosten in die nachfolgende Liste ein.

✔ Auto	Euro
✔ Energiekosten	Euro
✔ Krankenversicherung	Euro
✔ Höhere Lebenshaltungskosten	Euro
(Wegfall der Vorteile des Mehrpersonenhaushaltes)	Euro
✔ Mietnebenkosten	Euro
✔ Neueinrichtungskosten	Euro
✔ Urlaubsmehrkosten	Euro
✔ Prozesskostenhilferaten	Euro
✔ Versicherungen	Euro

Wie Sie Ihren konkreten Bedarf ermitteln

Für die Höhe des Bedarfsunterhalts ist maßgeblich, wie viel man tatsächlich braucht. Daher ist es erforderlich, dass der Unterhaltsberechtigte die einzelnen Bedarfspositionen so genau zusammenstellt, dass der Familienrichter sie im Streitfall schätzen kann.

Diese Positionen gehören zum Beispiel dazu:

→ Allgemeiner Lebensbedarf
→ Wohnbedarf, Nebenkosten, Telefon
→ Kleidung, Kosmetik, Friseur
→ Haushaltshilfe
→ Kraftfahrzeug
→ Urlaub, Sport und Hobbys
→ Kulturelle Veranstaltungen, Restaurantbesuche
→ Zeitschriften, Zeitungen, Fachliteratur
→ Vorsorgebedarf
→ Sonstiges.

Wichtig: Eine Sättigungsgrenze gibt es grundsätzlich nicht. Wer es sich leisten konnte, viel Geld auszugeben, kann das auch während der Trennungszeit und nach der Scheidung tun – Orientierungspunkt sind die ehelichen Lebensverhältnisse.

Die unterhaltsrechtliche Behandlung des Wohnvorteils

Ein Wohnvorteil ergibt sich, wenn jemand im eigenen Haus oder in einer Eigentumswohnung mietfrei wohnen kann.

Typisches Beispiel für diese Situation: Der Mann ist ausgezogen, die Frau bleibt mit den beiden Kindern im Haus. Das Haus ist eigentlich zu groß, aber die kleine Tochter geht in der Nähe in die Schule und hat auch alle ihre Freundinnen und Freunde hier, der Sohn studiert in der gleichen Stadt. Der Frau wird deshalb während der Trennungszeit das mietfreie Wohnen auf ihren Unterhaltsanspruch angerechnet.

Die Höhe des Wohnvorteils wird unterschiedlich bemessen, je nachdem, ob die Eheleute noch in der Trennungsphase leben oder schon geschieden sind.

Bleibt die unterhaltsberechtigte Ehefrau nach der Trennung in der für sie allein zu großen Ehewohnung, ist der Wohnvorteil mit dem Betrag zu bemessen, den sie als Mietzins für eine angemessene kleinere Wohnung auf dem örtlichen Wohnungsmarkt zu zahlen hätte (abzüglich etwa übernommener Hauslasten wie Grundsteuer, Gebäudeversicherung, Instandhaltungsrücklagen), nicht mit dem Mietwert der zu großen Ehewohnung.

Denn während des Getrenntlebens ist es einem Ehegatten in der Regel nicht zuzumuten, das frühere Familienheim ganz oder teilweise zu vermieten, um dadurch mehr Einkommen zu erzielen. Das gilt für die gesamte Zeit des Getrenntlebens, auch wenn es schon drei Jahre dauert.

Das ändert sich mit der Scheidung: Jetzt muss das zu große Haus oder die Wohnung wirtschaftlich angemessen genutzt werden, um eventuelle Mieteinnahmen zu Unterhaltszwecken zu verwenden. Dafür kann es erforderlich sein, einzelne Räume zu vermieten. Unter Umständen muss man sogar das gesamte Haus vermieten und selbst in eine weniger kostspielige Wohnung ziehen, um die überschüssigen Mieteinnahmen zu Unterhaltszwecken zu verwenden. Im Einzelfall kann auch ein Verkauf des Hauses erforderlich werden.

unterhaltsberechnung

mit Einkommen Unterhaltsberechtigter

Der Ehemann hat ein bereinigtes monatliches Nettoeinkommen von 3 000 Euro. Die Ehefrau hat eine Nebentätigkeit und verdient monatlich netto 500 Euro. Sie hat einen Anspruch auf Aufstockungsunterhalt, weil Sie mit ihrem Einkommen ihren Lebensunterhalt nicht bestreiten kann. Der Unterhalt berechnet sich nach der so genannten Differenzmethode. Folgendes Beispiel erläutert die Rechenschritte:

Einkommen Ehemann	Euro	3 000,00
abzüglich Einkommen Ehefrau	Euro	500,00
Differenz	Euro	2 500,00
Davon 3/7 Unterhalt	Euro	1 071,00

Ist die Vermietung oder Veräußerung nicht zumutbar oder objektiv nicht möglich, bestimmt sich der geldwerte Vorteil des »mietfreien« Wohnens aus der Differenz zwischen der ersparten Miete für einen angemessenen Ersatzwohnraum und den anzuerkennenden Grundstückskosten und Grundstückslasten sowie den verbrauchsunabhängigen Kosten und etwaigen Finanzierungsraten. Tilgungsraten, die der Vermögensbildung dienen, können nicht mehr wertmindernd berücksichtigt werden.
Wichtig: Der Wohnvorteil ist auf beiden Seiten zu berücksichtigen, das heißt, wer Unterhalt zahlen muss und im eigenen Haus oder der eigenen Wohnung lebt, hat ein um den Wohnvorteil höheres Einkommen, das in die Unterhaltsberechnung mit einfließt. Wer Unterhalt beansprucht, muss sich den Wohnvorteil anrechnen lassen und bekommt entsprechend weniger Unterhalt.

Beispiele für Unterhaltsberechnung

Bei den Beispielen wird bereits von einem bereinigten Nettoeinkommen (→ Kasten, S. 29) ausgegangen.

Unterhaltsberechnung Quotenunterhalt mit Altersvorsorgeunterhalt

Die Voraussetzung: Nur ein Ehegatte ist berufstätig.
Der endgültige Elementarunterhalt wird unter Berücksichtigung des Altersvorsorgeunterhalts durch eine Berechnung in zwei Schritten ermittelt. Es hat sich in der Rechtssprechung als Berechnungsmethode inzwischen die *Bremer Tabelle* durchgesetzt. Sie beruht auf den Erwägungen, dass der als Elementarunterhalt

unterhaltsberechnung mit altersvorsorgeunterhalt

1. Rechenschritt

Die Ehefrau hat ein bereinigtes monatliches Nettoeinkommen in Höhe von durchschnittlich 3000 Euro, der Ehemann ist Hausmann. Da die Hausmanntätigkeit (noch) nicht mit einem Geldwert als Einkommen angesetzt wird, rechnet sich der 3/7-Anspruch aus dem bereinigten Nettoeinkommen von 3000 Euro. Es ergibt sich somit ein Elementarunterhalt

in Höhe von	Euro	1 285,71
+ 35% Zuschlag nach der Bremer Tabelle Stand 1.1.2001	Euro	450,00
= Bruttobemessungsgrundlage	Euro	1 735,71
Davon 19,1 % Rentenversicherungsbeitrag Stand 2001		
= Altersvorsorgeunterhalt	Euro	331,52

2. Rechenschritt:

Einkommen Ehefrau	Euro	3 000,00
abzüglich Altersvorsorgeunterhalt	Euro	331,52
Verbleibendes Einkommen	Euro	2 668,48
Hiervon 3/7 = Elementarunterhalt	Euro	1 143,63

Ergebnis:

Vorsorgeunterhalt	Euro	331,52
+ Elementarunterhalt	Euro	1 143,63
Gesamtunterhalt	Euro	1 475,15

anzusetzende Betrag einem Nettoarbeitsentgelt gleichgestellt wird. Dieses Nettoarbeitsentgelt wird in ein fiktives Bruttoeinkommen hochgerechnet, berücksichtigt werden dabei Lohnsteuer, Arbeitnehmeranteile zur Sozialversicherung und Beiträge zur Arbeitslosenversicherung. Der davon zu entrichtende volle Beitragssatz der gesetzlichen Rentenversicherung wird als Vorsorgeunterhalt genommen. In der zweiten Berechnungsstufe wird dieser Vorsorgeunterhalt von dem bereinigten Nettoeinkommen des Unterhaltspflichtigen abgezogen und aus dem nun verbleibenden Nettoeinkommen erneut der Elementarunterhalt mit der Quote von zum Beispiel 3/7 errechnet (→ Kasten oben). Sind beide Ehegatten berufstätig und erhält ein Ehegatte Aufstockungsunterhalt, werden die gleichen Rechenschritte vorgenommen.

muster

Aufforderungsschreiben zur Zahlung von Trennungsunterhalt mit Pflegeversicherung und Krankenversicherung

Per Einschreiben mit Rückschein
Herrn
Walter Muster
Muskatstr. 17
20123 Hamburg

Betreff: Trennungsunterhalt
Lieber Walter,
Wir leben seit dem 1.3.2002 getrennt, da Du seit diesem Zeitpunkt in Deiner eigenen Wohnung in Hamburg lebst.
Ich habe Anspruch auf Trennungsunterhalt gemäß § 1361 Bürgerliches Gesetzbuch. Nach den mir erteilten Informationen und den von Dir vorgelegten Gehaltsbescheinigungen verfügst Du über ein durchschnittliches monatliches Nettoeinkommen von 2600 Euro.
Gemäß diesem Nettoeinkommen wird der Trennungsunterhalt wie folgt berechnet:

Nettoeinkommen	Euro 2 600,00
abzüglich 5% berufsbedingter Aufwendungen (pauschal)	Euro 130,00
abzüglich Kreditrate	Euro 175,00
verbleiben	Euro 2 295,00
Trennungsunterhalt (3/7 von 2 295,00 Euro)	Euro 984,00
zuzüglich monatlichen Beitrag für Pflegeversicherung(z.Zt. 1,7% von AOK)	Euro 2,48
zuzüglich monatlichen Beitrag für Krankenversicherung(z.Zt. 14,8% AOK)	Euro 145,63

Ich bitte Dich, den vorstehend berechneten Unterhaltsbetrag in Höhe von insgesamt 1132 Euro beginnend mit dem 1.4.2002 jeweils bis spätestens zum 3. Werktag im Voraus an mich zu zahlen, und zwar auf mein Konto bei der Europabank, Konto-Nr. 123 345 00, BLZ 900 700 00. Vielen Dank.
Wenn Du nicht pünktlich zahlst, müsste ich die vorstehende Unterhaltsrente nebst 8% Zinsen p.a. seit Verzug gerichtlich geltend machen. Mir wäre es lieber, wenn das nicht nötig wird.
Es grüßt Dich Ilka

Wird der Elementarunterhalt nicht nach der Quote errechnet, sondern nach dem Bedarf, ist die zweistufige Berechnung überflüssig, es wird gleich mit dem Bedarfsunterhalt weitergerechnet.

Unterhaltsberechnung Bedarfsunterhalt

Nur ein Ehegatte ist berufstätig, der andere hat einen Wohnvorteil, weil er im eigenen Haus mietfrei wohnt.

Der Ehemann hat ein bereinigtes Nettoeinkommen von 7000 Euro. Die Ehefrau ist nicht berufstätig. Sie hat einen Bedarf für ihren Lebensunterhalt von monatlich 2000 Euro zusammengestellt. Da sie in ihrem eigenen Haus mietfrei wohnt, wird ihr ein Wohnvorteil angerechnet, der für unser Beispiel 500 Euro beträgt. Deshalb erhält sie nur 1500 Euro Unterhalt. Wichtig: Wird der Unterhalt nach dem Bedarf ermittelt, bleibt es weiterhin bei der Anrechnungsmethode. Das heißt, das Einkommen des Unterhaltsberechtigten wird vom Unterhalt abgezogen.

Wenn Sie ohne Unterhalt dastehen

Gelegentlich kommt es vor, dass der berufstätige Partner auszieht und dem anderen kein Geld da lässt und ihm auch noch die Vollmacht für das gemeinsame Konto entzieht. Wenn Ihnen das passiert, sollten Sie sofort ein Aufforderungsschreiben schicken (→ Muster, S. 35), damit keine Zeit verloren geht. Kennen Sie die Einkommensverhältnisse Ihres Ehepartners nicht, fordern Sie ihn zur Auskunft auf (→ Muster Auskunftsverlangen, S. 82). Auf diese Weise setzen Sie Ihren Ehepartner in Verzug und er muss ab diesem Zeitpunkt Unterhalt zahlen.

Wie Sie Geld und Vermögen sichern

Ist die Trennung in Sicht, kann es vorkommen, dass es zu ungezügelten Käufen und unnötigen Geldausgaben kommt. Das Konto ist plötzlich heillos überzogen, täglich flattern Rechnungen ins Haus, das Versandhaus schickt große Pakete. Wer muss das bezahlen? Unabhängig von Trennung und Scheidung haftet grundsätzlich jeder Ehegatte nur für die Schulden, die er selbst verursacht hat (→ »Wer für die Schulden aufkommt«, S. 98).

Schlüsselgewalt

Die Ausnahme: Mit Geschäften des täglichen Lebens können Sie Ihren Ehepartner – und Ihr Ehepartner Sie – über die sogenannte Schlüsselgewalt auf der einen Seite zu Zahlungen verpflichten und ihm auf der anderen Seite auch die Mitberechtigung aus diesem Geschäft verschaffen, also zum Beispiel die Rechnung mit der Bitte um Bezahlung vorlegen und ihm sagen, dass der Kühlschrank ihm jetzt auch mitgehört.

Bei Geschäften des täglichen Lebens handelt es sich um Einkäufe zur angemessenen Deckung des Lebensbedarfs der Familie, zum Beispiel Nahrungsmittel, Kleidung, unter Umständen auch ein Kühlschrank oder eine Waschmaschine, je nach Zuschnitt der ehelichen Lebensverhältnisse. Wie eingekauft wird, im Ladenlokal, an der Haustür, beim Versandhandel oder im Internet, ob gleich gezahlt wird oder auf Raten, ist egal – die Verpflichtung zur Zahlung entsteht in all diesen Fällen.

Diese Mithaftung endet erst, wenn Sie auf Dauer von Ihrem Ehegatten getrennt leben. Versöhnen Sie sich wieder, gilt auch die Schlüsselgewalt wieder, und zwar von dem Zeitpunkt an, an dem Sie wieder zusammen sind. Die nur vorübergehende Trennung, zum Beispiel durch Urlaub oder Arbeitsaufenthalt in einer andern Stadt, unterbricht die Schlüsselgewalt nicht.

muster

Getrenntlebensunterhalt mit Wohnungsregelung

1. Die Beteiligten vereinbaren zum Zwecke der Aufhebung der häuslichen Gemeinschaft, dass die im ersten Stock des Anwesens Glückstr. 7 in 60313 Frankfurt a.M. gelegene Wohnung dem Ehemann zur alleinigen Nutzung zusteht. Umgekehrt behält die Ehefrau die ausschließliche Nutzung an der Wohnung im Erdgeschoss. Die Wohnung im 1. Stock wird an den Ehemann zu einem Mietpreis von 400 Euro zuzüglich Nebenkosten möbliert vermietet. Die Erdgeschosswohnung wird an die Ehefrau zu einem monatlichen Mietpreis von 600 Euro zuzüglich Nebenkosten möbliert vermietet. Zum Zwecke der Vermietung bilden die Ehegatten eine Gesellschaft bürgerlichen Rechts.
2. Der Ehemann leistet an die Ehefrau einen monatlichen Unterhalt von 750 Euro. Hierauf wird ein Betrag von 100 Euro im Wege der Verrechnung der auf den Ehemann entfallenen anteiligen Miete für die Erdgeschosswohnung angerechnet.
3. Der Unterhalt ist zum 1. eines Monats im Voraus zahlbar, erstmals zum 01.04.2002, letztmals zum 1. des Monats, in dem die Rechtskraft der Scheidung eintritt. Wegen dieser Zahlungsverpflichtung unterwirft sich der Ehemann der Berechtigten gegenüber der sofortigen Zwangsvollstreckung aus dieser Urkunde.
4. Die Beteiligten verzichten wechselseitig auf die Geltendmachung von Unterhaltsansprüchen für die Vergangenheit. Sie nehmen diesen Verzicht wechselseitig an.

Schlüsselgewalt beenden

Wenn Sie sicher sein wollen, dass Ihr Ehepartner Sie nicht mehr verpflichten kann, beenden Sie die Schlüsselgewalt, indem Sie dies Ihrem Ehepartner mitteilen, am besten schriftlich (per Einschreiben mit Rückschein), damit Sie einen Beweis in Händen haben. Sie können auch einen Brief an mögliche Vertragspartner schreiben, wenn er zum Beispiel gern über Versandhäuser Bestellungen macht: »Komme für die Schulden meines Mannes nicht mehr auf«. Wenn die Allgemeinheit Bescheid wissen soll, kommt eine Eintragung in das Güterrechtsregister in Betracht.

Vorzeitiger Zugewinnausgleich

Üblicherweise wird der Zugewinn berechnet, wenn die Ehe geschieden wird. Verjubelt Ihr Ehepartner plötzlich das Vermögen, macht kostspielige Geschenke an den oder die Neue, gibt das gesamte Vermögen aus für ein Haus in der Karibik, sollten Sie hellhörig werden und die Notbremse ziehen. Sie haben die Möglichkeit, den Zugewinn vorzeitig, also be-

gründe für vorzeitigen zugewinnausgleich

- ✔ Sie und Ihr Ehemann leben seit mindestens drei Jahren getrennt.
- ✔ Sie oder Ihr Ehepartner sorgen für längere Zeit nicht für den nötigen Familienunterhalt, sei es für den Ehepartner, sei es für die Kinder.
- ✔ Eine erhebliche Gefährdung der künftigen Ausgleichsforderung ist zu befürchten, weil Sie oder Ihr Ehepartner Verträge abschließen, die Sie nicht ohne Zustimmung Ihres Ehepartners abschließen dürfen.
- ✔ Eine erhebliche Gefährdung der künftigen Ausgleichsforderung ist zu befürchten, weil Sie oder Ihr Ehepartner Geld verschwenden.
- ✔ Sie oder Ihr Ehepartner weigern sich ohne ausreichenden Grund, Auskunft über den Bestand des Vermögens zu geben.

reits vor der Ehescheidung, zu klären, in dem Sie mit Hilfe Ihres Anwalts Klage auf vorzeitigen Ausgleich des Zugewinns beim Familiengericht erheben. Wie der Zugewinn endgültig auseinandergerechnet wird, lesen Sie im Kapitel »Wer was bekommt im Zugewinnausgleich« ab Seite 90.

Geschäftliche Beschränkungen in der Zugewinngemeinschaft

Eine Sicherheit vor Vermögensverlust ergibt sich auch dadurch, dass es in der Zugewinngemeinschaft Verfügungsbeschränkungen gibt, das bedeutet, dass ein Ehegatte nicht ohne weiteres allein über sein gesamtes Vermögen verfügen kann.

→ Zustimmungserfordernis bei Verfügungen über Vermögen

Ein Ehepaar will sich trennen. Dem Mann gehört das Haus, in dem er wohnt. Das Haus hat einen Verkehrswert von 300 000 Euro. Dazu hat der Mann noch ein Wertpapierdepot mit 25 000 Euro und ein Auto im Wert von 15 000 Euro. Die Frau befürchtet, dass der Mann alles verkauft, ohne sie zu informieren.

Aber obwohl jeder Ehepartner weiterhin Eigentümer seines Vermögens bleibt, kann er über sein Vermögen im Ganzen oder über wesentliche Teile seines Vermögens nicht ohne Zustimmung des Ehepartners verfügen. Der Gesetzgeber hat diese Schutzvorschrift erlassen, um die materielle Basis der Ehe zu schützen und verlangt die Einwilligung des anderen Ehepartners bei Veräußerung wesentlicher Teile des Vermögens. Nur über Teile des Vermögens, die nicht den wesentlichen Bestand ausmachen, kann allein verfügt werden.

Hält sich der Ehepartner nicht daran, sei es aus Unkenntnis, sei es, weil er das Vermögen der Auseinandersetzung entziehen will, ist der

Vertrag »schwebend unwirksam«. Sagt der Ehepartner »Nein« zum Verkauf, wird der schwebend unwirksame Vertrag endgültig unwirksam und muss rückabgewickelt werden, das heißt, es wird der gleiche Zustand hergestellt wie vor dem Verkauf. Für obigen Fall bedeutet das, dass eine wirksame Veräußerung des Hauses durch den Ehemann nicht möglich ist.
Wichtig: Wird die Zustimmung zur Veräußerung ohne stichhaltigen Grund verweigert und ist die Veräußerung wirtschaftlich sinnvoll, kann das Vormundschaftsgericht die fehlende Zustimmung ersetzen. Diese Möglichkeit besteht auch, wenn der Ehegatte wegen Krankheit oder Abwesenheit nicht in der Lage ist, die erforderliche Zustimmung zu erteilen. In einem solchen Fall muss allerdings hinzukommen, dass ein Aufschub der Veräußerung bis zur Genesung oder Rückkehr nicht möglich ist, weil mit dem Aufschub Gefahr verbunden ist.

Zustimmungserfordernis bei Teilungsversteigerung

Ein Ehepaar besitzt ein Grundstück je zur Hälfte. Sie möchte verkaufen, er nicht. Sie droht damit, die Zwangsversteigerung in die Wege zu leiten. Der Mann ist vollkommen verunsichert. Keine Sorge! Wenn der Miteigentumsanteil an dem Grundstück das ganze oder nahezu das ganze Vermögen Ihres Ehepartners ausmacht, ist Ihre Zustimmung erforderlich. Das Gericht kann die Teilungsversteigerung nur anordnen, wenn Ihre Zustimmung vorliegt.
Wichtig: Wenn Sie Ihre Zustimmung allerdings ohne triftigen Grund verweigern und die Teilungsversteigerung den Grundsätzen einer ordnungsgemäßen Verwaltung entspricht, kann Ihre Zustimmung durch das Gericht ersetzt werden.
Es ist auch schon vorgekommen, dass ein Ehepartner versucht hat, während des Scheidungsverfahrens seinen Miteigentumsanteil am gemeinsamen Hausgrundstück auf seinen neuen Partner zu übertragen, um auf diesem Weg die Teilungsversteigerung leichter zu ermöglichen. Eine solche Veräußerung halten die Gerichte für sittenwidrig, der Vertrag ist nichtig.

> **tipp**
>
> Bevor es zur Versteigerung eines Grundstückes kommt, sollten Sie gemeinsam überlegen, ob sich nicht auf dem freien Markt ein vernünftiger Preis dafür erzielen lässt.

Zustimmungserfordernis bei Verfügungen über Hausrat

Das Auto gehört dem Ehemann, die Eheleute haben es aber beide genutzt. Sie hat damit die Kinder in die Schule gefahren und die Einkäufe erledigt. Plötzlich ist der Schlüssel weg und der Mann eröffnet, dass er das Auto an seinen Vater verkauft hat. Sie ist nicht einverstanden und holt Rechtsrat ein.
Dabei erfährt sie, dass er das Auto zurückholen muss. Der Verkauf des PKW an den Vater ist unwirksam, weil die Ehefrau nicht eingewilligt hat. Auch während der Zeit der Trennung der Eheleute kann ein Ehegatte über ihm gehörende Gegenstände des ehelichen Haushalts nur verfügen, wenn der andere Ehegatte einwilligt. Gerade in der Zeit der Trennung ist

wichtig

Wird zum Beispiel der Frau durch gerichtliche Zuweisung die tatsächliche Verfügungsgewalt über den PKW gegeben, hat sie ihn für eigene Rechnung in Gebrauch und wird zur Halterin des Fahrzeugs. Daher muss sie eine Haftpflichtversicherung zur Deckung der durch den Gebrauch des Fahrzeugs verursachten Personenschäden, Sachschäden und sonstigen Vermögensschäden abschließen. Zusätzlich muss sie eine Vollkaskoversicherung für das Auto abschließen. Damit deckt sie das Risiko des Ehemannes, der Eigentümer des Fahrzeugs bleibt, ab, dass sein Auto zum Beispiel durch einen Unfall beschädigt wird.

der andere Ehegatte besonders schutzwürdig, weil die gesteigerte Gefahr besteht, dass der Eigentümer Hausratsgegenstände verkauft.
Können die Eheleute sich nicht selbst einigen, kann das Familiengericht auf Antrag die Benutzung des PKW regeln und in diesem Fall der Ehefrau für die Dauer des Getrenntlebens zur Nutzung zuweisen.

Kein Zustimmungserfordernis bei persönlichen Gegenständen

Die Frau malt und hat ein Bild in der Wohnung aufgehängt, an dem der Mann sehr hängt. Plötzlich ist es weg und der Mann hätte es gerne zurück.
Entscheidend dafür, ob eine Zustimmung zur Veräußerung erforderlich ist oder nicht, ist, ob es sich bei dem veräußerten Gegenstand um einen Haushaltsgegenstand handelt oder ob es ein Gegenstand ist, der zum persönlichen Gebrauch eines einzelnen Ehepartners bestimmt ist. Die Abgrenzung kann im Einzelfall schwierig sein. Zwar können auch wertvolle Gegenstände einschließlich kostbarer Kunstgegenstände zum Hausrat gehören. Soweit sie aber dem persönlichen Bereich eines Ehegatten zuzuordnen sind oder der Kapitalanlage dienen oder als Objektsammlung anzusehen sind oder dem Arbeitsbereich eines Ehegatten dienen, fallen sie nicht unter den Begriff »Hausrat«. In dem Fall des selbst gemalten Bildes ist davon auszugehen, dass es sich um einen höchstpersönlichen Gegenstand handelt, der auch ohne Zustimmung des Ehepartners veräußert werden kann.

Fortdauer Zustimmungserfordernis nach der Scheidung

Dem Mann gehört als einziges Vermögen ein Grundstück, das er noch vor der Scheidung ohne die Zustimmung der Frau auf seine Mutter übertragen hat. Nach der Scheidung hatte die Frau Angst, dass der Mann sie damit um ihren Zugewinn gebracht hat.
Keine Sorge. Obwohl die Ehe geschieden ist und damit auch der Güterstand beendet wird, bleibt die Genehmigungspflicht für Geschäfte, die während der Ehe begonnen wurden, bestehen. Dies deshalb, weil der andere Ehegatte auch weiterhin vor der Gefährdung seines Anspruchs auf Zugewinnausgleich zu schützen ist. Nach der rechtskräftigen Ehescheidung ist eine Zustimmung zu Verkäufen allerdings nicht mehr erforderlich.

Wann eine Trennungsvereinbarung sinnvoll ist

Unter einer Trennungsvereinbarung versteht man Regelungen mit besonderer Berücksichtigung der Rechtsverhältnisse während der Trennungszeit der Eheleute. Meist werden zunächst nur einige wenige Punkte geregelt, da eine abschließende Regelung mit der Scheidung erfolgen soll.
Klären Sie zunächst, welche Punkte Sie regeln wollen. Wenn in der Vereinbarung auch das Güterrecht und der Versorgungsausgleich betroffen sind oder Grundstücke übertragen werden sollen, bedarf der Vertrag notarieller Form. Nach der Beratung durch einen Anwalt Ihres Vertrauens müssen Sie die Vereinbarung also beim Notar beurkunden lassen.

Trennungsvereinbarung ohne Bezug zur Scheidung

Sie wollen sich trennen, sind sich aber noch nicht ganz sicher, ob es auch zur Scheidung kommt? Dann können Sie folgende Punkte in die Trennungsvereinbarung aufnehmen:
→ Hausratsverteilung
→ Autobenutzung
→ Güterstand und Vermögensauseinandersetzung
→ Versorgungsausgleich
→ Krankenversicherung
→ Elterliche Sorge und Umgangsrecht
→ Getrenntlebens- und Kindesunterhalt
→ Übernahme von Kosten der Lebensführung
→ Weiterführung von Zahlungen
→ Erb- und Pflichtteilsverzicht.

Trennungsvereinbarung mit Bezug zur Scheidung

Wenn Sie jetzt schon zur Scheidung entschlossen sind, können Sie die Scheidungsfolgenregelung schon mit in die Trennungsvereinbarung einbauen:
→ Hausratsverteilung und PKW
→ Zugewinn
→ Vermögensauseinandersetzung und Schulden
→ Versorgungsausgleich
→ Krankenversicherung
→ Elterliche Sorge und Umgangsrecht
→ Ehegattenunterhalt
→ Kindesunterhalt
→ Erb- und Pflichtteilsverzicht.

Wie Sie die einzelnen Positionen formulieren, sollten Sie mit Ihrem Anwalt besprechen, damit nichts schief läuft (→ Musterformulierungen im Kapitel »Vereinbarungen über die Scheidungsfolgen«, S. 107).

trennungs-vereinbarung

Gründe für die Trennungsvereinbarung

- ✔ Sie wollen in Zukunft getrennt leben.
- ✔ Zur Scheidung sind Sie aber noch nicht entschlossen.
- ✔ Für wichtige Punkte wollen Sie schriftlich Klarheit schaffen.

interview

Dass wir auseinander gehen würden, hätte ich vor einem Jahr nicht für möglich gehalten. Mit viel Mühe habe ich mich aufgerafft, alle Unterlagen zusammenzusuchen, die etwas mit meiner Zukunft zu tun haben, und viele Ordner gewälzt. Es ist mir schwer gefallen, die Einzelheiten zusammenzustellen: Steuererklärung, Bausparvertrag, Daueraufträge, Versicherungen, Miete, Testament, Ehevertrag. Ich hatte praktisch alles meinem Mann überlassen. Was da alles zutage gekommen ist, hat mich erstaunt.

UND WAS NOCH WICHTIG IST

Wenn Sie einen Ehevertrag haben

Sie haben sich getrennt und stellen fest, dass in Ihrem Ehevertrag für den Fall der Scheidung so ziemlich alles geregelt ist. Da ein Ehevertrag meist im Hinblick auf den Scheidungsfall geschlossen wird, entfaltet er jetzt seine volle Wirkung. Sie sollten auf jedes Detail achten! Der Ehevertrag gilt solange, bis er von den Eheleuten gemeinsam abgeändert oder aufgehoben wird. Von einem Ehepartner allein kann er nicht abgeändert, aufgehoben oder gar gekündigt werden.

Aber unter bestimmten Voraussetzungen können Sie einen Ehevertrag anfechten; wenn er zum Beispiel Regelungen enthält, »die nicht Ausdruck und Ergebnis gleichberechtigter

Lebenspartnerschaft sind, sondern eine auf ungleichen Verhandlungspositionen basierende einseitige Dominanz eines Ehepartners widerspiegeln« (Formulierung des Bundesverfassungsgerichts). Solche Situationen werden beispielsweise dann angenommen, wenn kurz vor der Eheschließung der schwangeren Braut ein Ehevertrag vorgelegt wird, der sie praktisch rechtlos stellt.

Der Ehevertrag – Rettungsanker oder Falle?

Die Frage, ob Ihr Ehevertrag ein Rettungsanker oder eine Falle ist, beantwortet sich spätestens, wenn Trennung und Scheidung anstehen. Je mehr gesetzliche Rechte durch den Ehevertrag abbedungen, das heißt außer Kraft gesetzt werden, desto mehr kann sich der Effekt einseitiger Benachteiligung verstärken.

Lesen Sie Ihren Ehevertrag und prüfen Sie vor allem die folgenden Punkte:

→ Abänderungen des gesetzlichen Güterstandes
→ Vereinbarungen zum Versorgungsausgleich
→ Regelungen über Art und Höhe des Unterhalts
→ Aufhebung der gesetzlich vorgesehenen Verfügungsbeschränkungen bei Vermögen und Hausrat
→ Erbrechtliche Regelungen.

Haben Sie in mehreren Punkten einen Verzicht ohne Gegenleistung erklärt, bestehen gute Aussichten, diesen Ehevertrag wegen Sittenwidrigkeit anzufechten und damit aus der Welt zu schaffen oder zumindest mit Hilfe des Gerichts eine Korrektur der einseitig benachteiligenden Passagen zu erreichen.

Denn für die Kernregelungsbereiche eines Ehevertrages – Güterrecht, Versorgungsausgleich und Unterhalt – gibt es Beschränkungen bei der vertraglichen Gestaltung, damit ein ausgewogener Ausgleich zwischen den Ehepartnern sichergestellt ist. Die Kontrollmöglichkeit durch die Gerichte führt zu einem Schutz vor unangemessener Benachteiligung eines Ehepartners.

Der Ehevertrag und das Güterrecht

Im Güterrecht ist der Grundsatz der Vertragsfreiheit am stärksten ausgeprägt. Die Eheleute können statt des gesetzlichen Güterstandes der Zugewinngemeinschaft auch Gütertrennung oder Gütergemeinschaft vereinbaren. Sie können aber auch im gesetzlichen Güterstand Einzelheiten des Zugewinnausgleichs abweichend vom Gesetz regeln. Man nennt das dann eine modifizierte Zugewinngemeinschaft. Der Gesetzgeber geht davon aus, dass die Ehepartner intern eine gerechte Güterverteilung finden. Ist das nicht der Fall, können Sie unter Umständen mit gerichtlicher Hilfe gegen Ihren Ehevertrag angehen.

Wichtig: Holen Sie unbedingt Rechtsrat ein, um Ihre Positionen zu sichern.

Der Ehevertrag und der Versorgungsausgleich

Im Ehevertrag kann der Versorgungsausgleich ausgeschlossen werden.

Aber dieser Ausschluss wird unwirksam, wenn innerhalb eines Jahres nach Vertragsschluss ein Scheidungsantrag gestellt wird.

ist der ehevertrag ungültig?

Wie für alle Verträge gilt auch für Eheverträge, dass sie ungültig sind, wenn sie gegen die »guten Sitten« verstoßen. Ob ein solcher Verstoß vorliegt, wird von Fall zu Fall entschieden. Wenn Sie Ihre Situation hier wiedererkennen, sollten Sie unbedingt Rechtsrat einholen.

- ✔ Waren Sie oder Ihr Ehepartner bei Vertragsabschluss dem anderen so unterlegen, dass der Stärkere die Möglichkeit hatte, den Vertragsinhalt einseitig nach seinem Interesse zu bestimmen? Das wäre der Fall, wenn die Ehefrau sich beispielsweise wegen eines erwarteten Kindes oder wegen der laufenden Betreuung von Kindern mit ihren Vorstellungen nicht durchzusetzen wagte, weil sie befürchtete, damit die Interessen der Kinder zu gefährden.
- ✔ Waren Sie in einer psychischen Zwangslage, da Ihr Ehepartner Sie wenige Tage vor der im großen Stil vorbereiteten Hochzeit mit der ultimativen Forderung nach Abschluss eines Ehevertrages konfrontierte?
- ✔ Ist der Vertragsinhalt einseitig belastend und zum Interessenausgleich offensichtlich unangemessen? Davon kann grundsätzlich ausgegangen werden, wenn auf den gesetzlich vorgesehenen Schutz entschädigungslos verzichtet wird und die angemessene soziale Absicherung damit entfällt.

Der Ehevertrag und der Unterhalt

Ein Verzicht auf den Familienunterhalt und den Unterhalt während des Getrenntlebens im Ehevertrag ist unwirksam. Wenn Sie eine solche Vereinbarung geschlossen haben, gilt sie nicht und Sie können Unterhalt verlangen. Ein Verzicht auf Zahlung von nachehelichem Unterhalt ist hingegen zulässig. Aber auch ein solcher Verzicht kann unwirksam werden, wenn der Verzicht zu einem Zeitpunkt abgegeben wurde, zu dem die Eheleute davon ausgingen, dass die Ehe kinderlos bleiben würde. Wenn dann später Kinder da sind, die von der Mutter betreut werden und sie deshalb nicht erwerbstätig sein kann, kann sie Unterhalt aushandeln oder erstreiten.

Erbrechtliche Fragen

Mit der Heirat entsteht automatisch ein gesetzliches Ehegattenerbrecht, mit der Folge, dass beim Tod eines Ehegatten der überlebende Ehegatte – wenn gemeinsame Kinder da sind, auch diese – vom Verstorbenen erbt. Dieser Grundsatz gilt, solange die Ehe besteht.

Was das gesetzliche Erbrecht bedeutet

Der überlebende Ehegatte ist neben den Kindern zu einem Viertel, neben Eltern und Geschwistern oder Großeltern grundsätzlich zur Hälfte der Erbschaft gesetzlicher Erbe.

Er erhält die ganze Erbschaft, wenn in der Familie weder Verwandte noch Großeltern vorhanden sind.

Wie es bei Zugewinngemeinschaft aussieht

Leben Sie und Ihr Ehepartner zum Zeitpunkt des Todesfalles im gesetzlichen Güterstand der Zugewinngemeinschaft, erhöht sich der gesetzliche Erbteil des überlebenden Ehegatten um ein Viertel der Erbschaft. Das bedeutet, dass der Ehegatte die Hälfte des Nachlasses erbt, die andere Hälfte teilen sich die gemeinsamen Kinder.
Wichtig: Der überlebende Ehegatte kann die Erbschaft auch ausschlagen und neben dem ihm dann zustehenden Pflichtteil Ausgleich des Zugewinns wie unter Lebenden verlangen. Ob das günstiger ist, ist immer eine Frage der Berechnung.

Wie es bei Gütertrennung aussieht

Bestand beim Erbfall Gütertrennung und sind als gesetzliche Erben neben dem überlebenden Ehegatten nur ein oder zwei Kinder des Erblassers berufen, erben der überlebende Ehegatte und jedes Kind zu gleichen Teilen. Sind mehr als zwei Kinder vorhanden, ist der überlebende Ehegatte nach der gesetzlichen Grundregel zu einem Viertel gesetzlicher Erbe.

Wann das Erbrecht des Ehegatten ausgeschlossen ist

Im Fall von Trennung und Scheidung ist die Frage von großer Bedeutung, wann der Ehegatte sein gesetzliches Erbrecht verliert.

tipp

Für gerechten Ausgleich sorgen

Ein negatives Ergebnis zu Lasten der Kinder lässt sich leicht vermeiden, wenn spätestens nach Ablauf der Trennungszeit der Scheidungsantrag eingereicht wird. Wenn Sie das noch nicht möchten, können Sie ein Testament verfassen, mit dem Sie Ihre Kinder zu Alleinerben einsetzen. Dann erhält Ihr Ehepartner nur noch den Pflichtteil. Auch den Pflichtteil können Sie bei Vorliegen besonderer Gründe entziehen. Holen Sie am besten Rechtsrat ein!

Leben Sie getrennt, ist das Erbrecht des überlebenden Ehegattens nur dann ausgeschlossen, wenn zur Zeit des Todes der Erblasserin die Voraussetzungen für die Scheidung der Ehe vorlagen und entweder die Erblasserin die Scheidung beantragt oder ihr zugestimmt hatte, als der Ehegatte den Scheidungsantrag bei Gericht einreichte.
Ist der Scheidungsantrag eingereicht, erlischt das Erbrecht des Ehegatten grundsätzlich zwar auch erst, wenn das Scheidungsurteil rechtskräftig ist, aber davon gibt es Ausnahmen: Das Erbrecht erlischt schon vorher, wenn zum Beispiel der Verstorbene vor seinem Tod durch seinen Anwalt einen Scheidungsantrag beim Familiengericht eingereicht hat. Sind die formalen gesetzlichen Voraussetzungen eingehalten und ist der Scheidungsantrag auch begründet, erbt die Ehefrau nicht mehr. Beispiels-

weise: Der Mann hat Scheidungsantrag beim Familiengericht eingereicht, die Frau hat Abweisung beantragt, weil sie nicht geschieden werden möchte. Noch bevor eine Gerichtsverhandlung stattfand, ist der Mann verstorben. Die Frau ist deshalb nicht mehr erbberechtigt.

Wenn Sie ein Testament allein gemacht haben

Wenn Sie im Testament Ihren Mann als Alleinerben eingesetzt und es vergessen haben, gilt es auch während der Trennungszeit weiter. Es gilt solange die Ehe besteht und ist erst unwirksam, wenn die Ehe aufgelöst ist etwa durch eine rechtskräftige Scheidung.
Prüfen Sie deshalb bereits bei der Trennung, ob Ihr Testament noch Gültigkeit haben soll. Wenn nicht, machen Sie ein anderes oder vernichten Sie es! Wenn Sie kein neues Testament machen, gilt wieder die gesetzliche Erbfolge.
Wichtig: Das Testament bleibt auch nach der Scheidung wirksam, wenn anzunehmen ist,

Am besten schon bei der Trennung ein neues Testament aufsetzen, das alte gilt sonst weiter.

dass beispielsweise die Erblasserin den Exehemann auch nach der Scheidung noch bedenken wollte. Ob das zutrifft, wird durch Auslegung des Testaments ermittelt, denn der »wirkliche Wille« ist zu erforschen. Aktualisieren Sie daher Ihr Testament, sobald sie spüren, es trifft nicht mehr zu. Denken Sie daran, es in Ihrer eigenen Handschrift zu schreiben!

Wenn Sie ein gemeinschaftliches Testament haben

Haben Sie ein gemeinschaftliches Testament gemacht (zum Beispiel ein so genanntes »Berliner Testament«), erlischt dessen Wirkung spätestens mit der rechtskräftigen Ehescheidung. Es erlischt vorher, wenn zur Zeit des Todes des Ehegatten die Voraussetzungen für eine Scheidung gegeben waren und der verstorbene Ehegatte entweder die Scheidung bereits beantragt hatte oder ihr zugestimmt hatte oder berechtigt auf Aufhebung der Ehe geklagt hatte.
Aber: Das Testament bleibt doch wirksam, wenn anzunehmen ist, dass es auch für den Fall der Scheidung Bestand haben sollte. Der Wille des Erblassers ist dann zu erforschen. Wenn Sie schon zum Zeitpunkt der Trennung etwas unternehmen wollen, um die erbrechtliche Regelung außer Kraft zu setzen, können Sie das Testament durch Erklärung gegenüber Ihrem Ehemann widerrufen. Diese muss notariell beurkundet und Ihrem Ehepartner zugestellt werden.

Wenn Sie einen Erbvertrag haben

Haben Sie und Ihr Ehemann einen Erbvertrag abgeschlossen, vielleicht sogar unter Einbezie-

erbrechtliche regelungen beeinflussen

Wenn Sie sicher sind, dass Sie Ihren Ehepartner erbrechtlich nicht mehr begünstigen möchten, haben Sie verschiedene Möglichkeiten, das Erbrecht zu beeinflussen:

- ✔ Reichen Sie umgehend Scheidungsantrag ein, wenn die Voraussetzungen für eine Scheidung bereits gegeben sind. Dadurch schließen Sie das gesetzliche Ehegattenerbrecht aus.
- ✔ Überlegen Sie, ob Sie mit Ihrem Ehepartner einen wechselseitigen Verzicht auf das Ehegattenerbrecht und Verzicht auf den Pflichtteil vereinbaren wollen.
- ✔ Überlegen Sie, ob Gütertrennung vereinbart werden sollte, denn daraus resultiert eine niedrigere Erb- und Pflichtteilsquote des Ehegatten.
- ✔ Lässt sich eine gemeinsame Regelung nicht finden, machen Sie ein Testament, in dem Sie Ihre vorherigen Testamente widerrufen. Setzen Sie zum Beispiel Ihre Kinder als Alleinerben ein. Ihr Ehepartner bekommt dann nur den Pflichtteil. Soll er auch den nicht bekommen, lassen Sie sich von Ihrem Anwalt beraten, ob es Ausschlussgründe gibt.
- ✔ Haben Sie ein gemeinsames Testament mit Ihrem Ehepartner, können Sie auch das widerrufen, und zwar durch Erklärung gegenüber Ihrem Ehepartner. Die Erklärung muss notariell beurkundet werden.
- ✔ Haben Sie allein ein Testament gemacht, können Sie es außer Wirkung setzen, indem Sie beispielsweise ein neues Testament verfassen.

hung der Kinder, überlegen Sie, ob der Erbvertrag schon während der Trennungszeit aufgehoben werden sollte, weil er die jetzige Situation nicht mehr richtig regelt.
Denn auch der Erbvertrag gilt zunächst so lange, bis die Ehe rechtskräftig geschieden ist. Vorher wird er nur unwirksam, wenn die Voraussetzungen für die Scheidung vorlagen und der Erblasser die Scheidung beantragt oder ihr zugestimmt hatte.
Für die Aufhebung oder Abänderung eines Erbvertrages müssen Sie ebenfalls notarielle Hilfe in Anspruch nehmen.

Steuern sparen bei der Trennung

Was heißt das – »dauernd getrennt leben«?

Ehegatten, die dauernd getrennt leben, können die Vorteile der Ehegattenbesteuerung nicht mehr in Anspruch nehmen. Deshalb müssen Sie klären, ob Sie im Sinne der Steuergesetze dauernd getrennt leben. Das ist nicht immer einfach, da es sich bei den maßgeblichen Kriterien zum Teil um schwer nachprüfbare innere Vorgänge handelt. Als Beurteilung

Wer dauernd getrennt lebt, muss das auch dem Finanzamt mitteilen.

dienen deshalb äußere Merkmale, etwa ob die Eheleute zusammenleben oder nicht. Verlässt ein Ehegatte die gemeinsame Wohnung und möchte auch nicht mehr dorthin zurückkehren, wird die eheliche Lebensgemeinschaft aus Sicht des Finanzamtes aufgelöst. Die Folge: Die Vorteile aus der Ehegattenbesteuerung dürfen nicht mehr geltend gemacht werden.

Was sich steuerlich ändert

- → die Steuerklasse
- → die Veranlagungsart
- → die Verteilung der Steuern
- → die steuerliche Behandlung von Unterhalt
- → die Förderung von Wohnungseigentum
- → der Zinsabschlag.

Die Steuerklassen

Einkünfte aus nicht selbstständiger Arbeit unterliegen der Lohnsteuer. Die Lohnsteuer ist nichts anderes als eine Art »Vorauszahlung« auf die Einkommensteuer. Sie wird von vornherein an der Quelle – beim Arbeitgeber – einbehalten und bemisst sich an der Höhe des Lohns. Durch die Einteilung in Steuerklassen werden persönliche Umstände des Steuerzahlers berücksichtigt. Die Arbeitnehmer werden zur Zeit noch in sechs verschiedene Steuerklassen eingeteilt. Mit dem dauernden Getrenntleben und der Scheidung fallen die Steuerklassen III, IV und V weg. Es kommen also nur noch die Steuerklassen I oder VI in Betracht, vorübergehend noch Steuerklasse II.

Ein Wechsel beispielsweise von Steuerklasse III in Steuerklasse I bei dauerndem Getrenntleben oder Scheidung kann teuer werden, weil die Steuerabzüge wesentlich höher sind, wenn der Splittingvorteil wegfällt. Dies ist ein beliebtes Argument des zur Zahlung von Unterhalt verpflichteten Ehegatten, um den Unterhalt zu kürzen. Aber durch die Eintragung eines Freibe-

wichtig

Das dauernde Getrenntleben muss dem Finanzamt mitgeteilt werden. Wer unzutreffende Angaben macht, hinterzieht Steuern und macht sich strafbar.

übersicht

Die Steuerklassen

Steuerklasse I:	Gilt für alle Arbeitnehmer, die ledig sind, geschieden, verwitwet oder dauernd getrennt lebend.
Steuerklasse II:	Gilt vorübergehend noch für alle Arbeitnehmer, die ledig sind, geschieden, verwitwet oder dauernd getrennt lebend. Aber: Mindestens ein Kind wird berücksichtigt.
Steuerklasse III:	Gilt für Eheleute, die nicht dauernd getrennt leben. Wird in der Regel für den besser verdienenden Ehepartner gewählt, wenn ein Ehepartner keine oder nur eine Teilzeitbeschäftigung ausübt, die dann nach Steuerklasse V besteuert wird.
Steuerklasse IV:	Gilt für Ehepaare. Kann alternativ zu Steuerklasse III gewählt werden. Bevorzugt, wenn beide Ehegatten aus nicht selbstständiger Tätigkeit etwa gleich hohe Einkommen erzielen. Beide Ehegatten haben dann Steuerklasse IV.
Steuerklasse V:	Wählt ein Ehegatte Steuerklasse III, erhält der andere zwingend Steuerklasse V.
Steuerklasse VI:	Gilt für Arbeitnehmer ab dem zweiten und allen weiteren Arbeitsverhältnissen, egal ob verheiratet oder nicht, die nebeneinander von mehreren Arbeitgebern Arbeitslohn beziehen.

trages – insbesondere wegen des zu zahlenden Unterhalts – auf der Lohnsteuerkarte ermäßigt sich der Lohnsteuerabzug wieder und ein größerer Auszahlungsbetrag steht zur Verfügung. Hatten Sie während der Ehe Steuerklasse V, so steigt Ihr Nettoeinkommen, wenn Sie in Steuerklasse I oder II wechseln, weil die Steuerabzüge geringer sind als in Steuerklasse V.
Die Änderung Ihrer Steuerklasse beantragen Sie bis zum 30. November bei Ihrer Gemeinde, ebenso den Eintrag von Freibeträgen.

Die Veränderung der Veranlagungsart

Sie müssen sich im Kalenderjahr nach der Trennung getrennt veranlagen lassen. Jetzt werden Sie und Ihr Ehegatte wie Einzelpersonen besteuert.
Wichtig: Das gilt auch dann, wenn Sie noch nicht geschieden sind. Den Splittingvorteil bekommt nur, wer verheiratet ist und auch zusammenlebt.
Dennoch ergibt sich aus dem Wesen der Ehe eine Mitwirkungspflicht zur gemeinsamen

zusammen-veranlagung

Machen Sie Ihre Zustimmung davon abhängig, dass Ihnen Ihr Ehepartner schriftlich bestätigt, dass er Ihre finanziellen Nachteile aus der Zusammenveranlagung gegenüber einer Einzelveranlagung ausgleicht unter Verzicht auf jegliche Aufrechnung und Zurückbehaltungsrechte.

Steuererklärung, wenn dadurch ein Ehepartner Steuervorteile hat und der andere dadurch keiner zusätzlichen steuerlichen Belastung ausgesetzt wird. Die Zustimmung zur Zusammenveranlagung kann eingeklagt werden.
Aber: Sie sind nicht verpflichtet, auf dem gleichen Einkommensteuer-Vordruck wie Ihr Expartner Ihre Einkommensverhältnisse offenzulegen. Verlangen Sie einen eigenen Vordruck und schicken Sie ihn getrennt an das Finanzamt. Die Finanzbehörden müssen die Abgabe eigener Steuererklärungen anerkennen.

Angaben im Scheidungsprozess

Wenn Sie im Scheidungsverfahren vor Gericht vortragen, dass Sie im fraglichen Kalenderjahr getrennt gelebt haben, so spricht das für ein dauerndes Getrenntleben im Sinne der Steuergesetzgebung.
Eine rechtliche Bindung an diese im Scheidungsverfahren abgegebene Erklärung besteht nicht. Das bedeutet, dass im Scheidungsverfahren und im Besteuerungsverfahren eine unterschiedliche Angabe über den Trennungszeitpunkt vorkommen kann. Es ist jedoch verboten, sich Steuervorteile aufgrund falscher Angaben zu verschaffen.
Wichtig: Das Finanzamt darf die Scheidungsakten nicht ohne weiteres einsehen, um zu überprüfen, ob Sie im Besteuerungsverfahren andere Angaben gemacht haben als im Scheidungsverfahren. Auch das Scheidungsurteil darf nicht beigezogen werden. Die Finanzämter müssen von Amts wegen feststellen, ob die Ehegatten dauernd getrennt leben oder nicht. Sie sind gehalten, von den Angaben der Ehegatten auszugehen, es sei denn, dass die äußeren Umstände das Bestehen einer ehelichen Lebens- und Wirtschaftsgemeinschaft fraglich erscheinen lassen.

Risiken bei Zusammenveranlagung im Trennungsjahr

Streit gibt es meist bei der Frage, wer die Steuern bekommt oder zahlen muss, die das Finanzamt zurückerstattet oder nachfordert.
Im Trennungsjahr können Sie sich mit Ihrem Ehepartner noch zusammen veranlagen lassen, um den meist günstigeren Splittingtarif auszunutzen. Hierbei kann es im wesentlichen zu zwei Problemen kommen: Entweder es steht eine Steuernachzahlung ins Haus, für die Sie und Ihr Ehepartner gemeinsam haften oder es gibt eine Steuerrückerstattung.
Wie Sie dem Risiko einer Steuernachzahlung entgegentreten oder dafür sorgen, dass Sie von einer Steuerrückerstattung etwas abbekommen, zeigen die beiden folgenden Musterbriefe. Der Aufteilungsantrag sollte rechtzeitig vor

muster

Aufteilung der Steuerschuld

An das (zuständige) Finanzamt

Steuernummer 1234567 89 00 Aufteilungsantrag gemäß §§ 268 ff. Abgabenordnung

Hiermit beantrage ich, die bestehenden Einkommensteuerschulden im Verhältnis unserer Einkommen zwischen mir und meinem Ehemann wie bei getrennter Veranlagung aufzuteilen und die Vollstreckung auf diesen Betrag zu beschränken.

Claudia Weiß
München, 24.2.2002

Fälligkeit der Steuerschuld gestellt werden. Denn wenn Teile der Steuerschuld bereits bezahlt sind, kann die Aufteilung durch das Finanzamt nur noch in Höhe der zu diesem Zeitpunkt rückständigen Steuerbeträge erfolgen. Um einen eventuellen Ausgleich zu erreichen, müssen Sie sich dann mit Ihrem Ehepartner intern auseinandersetzen.

Auch bei geringen rückständigen Steuerbeträgen kann sich ein Aufteilungsantrag wegen der Anrechnungsmöglichkeit von Steuerabzugsbeträgen lohnen, wenn Sie Lohnsteuer, Kapitalertragsteuer oder Zinsabschlagsteuer gezahlt haben, und die Abzugsbeträge unter Umständen zu einer Erstattung führen.

Hat ein Ehegatte keine oder so geringe Einkünfte erzielt, dass sich bei getrennter Veranlagung für ihn keine Steuerschuld ergeben hätte, führt der Antrag zu der Freistellung von der Inanspruchnahme für die festgesetzte Steuer.

Anspruch auf Rückzahlung einer Steuererstattung hat grundsätzlich der, für dessen Rechnung die Steuer gezahlt oder abgezogen worden war. Solange die Ehegatten sich einig sind, ist die Verteilung zumeist kein Problem. Mit der Trennung verhärten sich die Fronten. Es ist daher wichtig festzustellen, wer in welcher Höhe erstattungsberechtigt ist.

So finden Sie heraus, ob Sie erstattungsberechtigt sind:

→ Sie sind es, wenn Sie die Steuerzahlung aus eigenen Mitteln gezahlt haben.

→ Sie sind es, wenn ein Dritter, beispielsweise Ihr Arbeitgeber, für Sie Steuern abgeführt hat.

→ Sie sind es, wenn Sie mit Ihrem Ehegatten für gemeinsame Rechnung gezahlt haben.

Die Erstattungsberechtigung jedes Ehegatten ergibt sich aus der Aufteilung des überzahlten Betrages im Verhältnis der anteiligen Steuerschuld.

Welcher Aufteilungsmaßstab der richtige ist, müssen die Ehegatten selbst herausfinden.

Das Verfahren des Finanzamtes ergibt in vie-

muster

Verteilung von Steuererstattungen

An das (zuständige) Finanzamt

Steuernummer 1234567 89 00

Aufteilung der Steuerrückerstattung

Hiermit bitte ich, die zu erwartende Rückerstattung der Einkommensteuer zwischen mir und meinem Ehemann je zu 1/2 aufzuteilen. Den auf mich entfallenden Anteil überweisen Sie bitte auf mein Konto Nr. 987 653 bei der XY-Bank, BLZ 100 200 00. Die Bevollmächtigung zur Auszahlung allein auf das Konto meines Mannes widerrufe ich hierdurch ausdrücklich.

Claudia Weiß
München, 28.1.2002

len Fällen nur einen groben Ausgleich, da die zivilrechtlichen Beziehungen der Ehegatten untereinander und die auf jeden von ihnen entfallenden Besteuerungsmerkmale im Einzelfall nicht darauf überprüft werden, wer von ihnen – im Innenverhältnis – auf die zu erstattenden Beträge einen Anspruch hat. Und das gilt auch, wenn die Ehe zu diesem Zeitpunkt nicht mehr besteht!

Varianten, die das Problem verdeutlichen:

→ Hatten die Ehegatten während der Ehe gemeinsam Einkommensteuervorauszahlungen geleistet, ist davon auszugehen, dass die Zahlung grundsätzlich für Rechnung beider Ehegatten erbracht worden ist. Aus wessen Mitteln diese Zahlung erfolgt ist, hat dafür keine Bedeutung. Ein etwaiger Erstattungsanspruch steht in diesen Fällen den Ehegatten zur Hälfte zu.

→ Leisten Ehegatten nach Trennung oder Scheidung Zahlungen auf gemeinsam festgesetzte Vorauszahlungsbeträge, steht ihnen ein etwaiger Erstattungsanspruch zur Hälfte zu.

→ Nur wenn der Ehegatte für seine Zahlung eine besondere Tilgungsbestimmung trifft, ist die Zahlung ihm allein zuzurechnen. Wird keine besondere Tilgungsbestimmung getroffen, wird die Zahlung beiden Ehegatten gemeinsam zugerechnet.

→ Ergibt sich der Erstattungsanspruch allein aufgrund eines Verlustausgleiches oder Verlustabzuges, kann es empfehlenswert sein, auf die Geltendmachung für diesen Zeitpunkt der Zusammenveranlagung zu verzichten und Eintragung eines Verlustvortrages für das Folgejahr zu beantragen. So stellt man sicher, dass die Erstattung demjenigen zukommt, der sie veranlasst hat.

Unterhalt und Steuern

Alles, was ein Steuerpflichtiger zum Unterhalt seiner Familienangehörigen aufwendet, ist

grundsätzlich steuerlich nicht relevant, weil es in den Bereich der Privatausgaben fällt. Unterhalt muss deshalb aus dem versteuerten Einkommen bezahlt werden. Nur in den ausdrücklich im Gesetz genannten Fällen können Unterhaltsleistungen als Sonderausgaben oder als außergewöhnliche Belastungen steuermindernd angesetzt werden. Für die Beurteilung ist es unerheblich, ob der Unterhalt freiwillig oder aufgrund gesetzlicher Unterhaltspflicht gezahlt wird. Auch Unterhalt, der als Sachleistung erbracht wird, muss berücksichtigt werden.
Zu berücksichtigen sind zum Beispiel:
→ Laufende Leistungen
→ Einmalige freiwillige Leistungen
→ Pflichtleistungen
→ Geldleistungen.

Bei der Zahlung von Ehegattenunterhalt werden steuerlich drei Zeiträume unterschieden:
→ Ehegattenunterhalt bei intakter Ehe:
Die Unterhaltsleistungen, die ein Ehegatte seinem Ehepartner leistet, mit dem er in intakter Ehe lebt, stellen keine außergewöhnlichen Belastungen dar, können also nicht steuermindernd angesetzt werden. Eine steuerliche Berücksichtigung findet statt durch die Anwendung des Splittingtarifs bei der Versteuerung des Einkommens. Das gilt auch für den Veranlagungszeitraum, in dem die Ehegatten sich trennen.
→ Ehegattenunterhalt während des Getrenntlebens vor der Ehescheidung:
Im Jahr der Trennung liegen noch die Voraussetzungen für die Ehegattenbesteuerung vor, also kann noch der Splittingtarif angesetzt werden. In dem Jahr, das auf das Trennungsjahr folgt, liegen die Voraussetzungen der Ehegattenbesteuerung aber meist nicht mehr vor, weil die Ehegatten das ganze Jahr dauernd getrennt gelebt haben. Der Unterhaltspflichtige kann die Unterhaltsleistungen an seinen Ehegatten wahlweise als außergewöhnliche Belastung oder als Sonderausgabe abziehen.
→ Ehegattenunterhalt nach der Ehescheidung:
Für Unterhaltszahlungen nach der Scheidung gibt es zwei Möglichkeiten der steuerlichen Berücksichtigung. Der Unterhaltspflichtige kann die Unterhaltsleistungen an seinen Ehegatten wahlweise als außergewöhnliche Belastung oder als Sonderausgabe abziehen.

Alternative Formen der Unterhaltsgewährung

Besteht die Möglichkeit, die Unterhaltszahlungen dadurch zu vermeiden, dass der Unterhaltsverpflichtete den Unterhaltsempfänger in die Lage versetzt, selbst Einkünfte zu erzielen, indem er ihm diese als »Quasi-Unterhalt« zur Verfügung stellt (beispielsweise ein Mietshaus als Einkommensquelle überträgt), kann dies steuerlich vorteilhaft sein. Allerdings werden derartige Vereinbarungen von der Finanzverwaltung kritisch beäugt und müssen deshalb besonders sorgsam ausgearbeitet werden. Nur wenn bestimmte Voraussetzungen erfüllt sind, können derartige Leistungen als »Unterhaltszahlungen« steuerlich wirksam gemacht werden. Prüfen Sie die bestehenden gesetzlichen Möglichkeiten in jedem Fall mit Ihrem Anwalt oder Steuerberater.
Denkbar sind zum Beispiel:
→ Familienverträge

→ Übertragung von Einkunftsquellen
→ Überlassung von Wohnraum
→ Unterhaltsverzicht gegen Einmalzahlung
→ Verpflichtung zur Zahlung von dauernden Lasten und Renten.

Fortsetzung des Ehegattenarbeitsverhältnisses ab der Trennung

Hat Ihr Ehepartner während der Ehe in Ihrem Betrieb gearbeitet, so findet dieses Arbeitsverhältnis auch ab dem dauernden Getrenntleben oder nach der Scheidung steuerrechtliche Anerkennung.
Allerdings sind die Verträge unter nahen Angehörigen steuerlich nur zu berücksichtigen, wenn sichergestellt ist, dass sie betriebliche Beziehungen regeln und nicht verkappte Unterhaltsleistungen sind.

Erst wenn die Ex-Partner mehr als drei Monate zusammenleben, spricht man von Versöhnung.

Wenn Sie sich versöhnen

Wenn Sie sich versöhnen, denken Sie daran, welche rechtlichen Konsequenzen sich daraus ergeben und ab wann sie wirksam werden. Wichtig ist zum Beispiel, wann man die steuerlichen Vorteile wieder aufleben lassen, die Trennungszeit stoppen oder das Scheidungsverfahren beenden kann.
Hierbei ist nicht nur der Zeitraum der Versöhnung wichtig, ausschlaggebend ist auch der ernsthafte Wille, die eheliche Lebens- und Wirtschaftsgemeinschaft tatsächlich wieder aufzunehmen.
Diese inneren Beweggründe, die naturgemäß nach außen nicht sichtbar sind, müssen deshalb durch objektive Umstände bestätigt werden, etwa indem eine Rückkehr in die Ehewohnung erfolgt oder der Scheidungsantrag zurückgenommen wird.
Hier ein Beispiel:
Sie haben sich von Ihrem Ehemann am 2.1.2002 getrennt und versöhnen sich am 31.12.2003. Dies dokumentieren Sie, indem Sie wieder in die Ehewohnung einziehen. Steuerlich bewirkt dieser Schritt, dass sich die Ehegatten sowohl im Jahr 2002 als auch im Jahr 2003 zusammen veranlagen lassen können, da in beiden Jahren die Voraussetzungen für die Zusammenveranlagung – wenn auch nur für jeweils einen Tag – vorlagen.
Ein Zusammenleben über kürzere Zeit, das der Versöhnung der Ehegatten dienen sollte, unterbricht die Trennungszeit nicht. Für die Berechnung der Trennungszeit gilt also der Zeitpunkt der ersten Trennung. Wie lang die

wirklich versöhnt?

Zur Versöhnung gehört:

- ✔ Zusammenleben über einen längeren Zeitraum.
- ✔ Das Zusammenleben muss der Versöhnung dienen, das heißt, es muss der ernsthafte Wunsch da sein, die Ehe zu retten.
- ✔ Wiederaufnahme der häuslichen Gemeinschaft.

Nicht ausreichend:

- ✔ Die Rückkehr erfolgt unter einer Bedingung, zum Beispiel, dass das Trinken aufgegeben wird.
- ✔ Es ist von vornherein eine Befristung ausgemacht, zum Beispiel nur für einen gemeinsamen Urlaub.
- ✔ Einmaliger Geschlechtsverkehr.
- ✔ Gelegentliche Besuche.

vom Gesetzgeber angegebene »kürzere Zeit« ist, lässt sich nur im Einzelfall genauer festlegen. Allgemein gelten drei Monate als Obergrenze. Leben die Eheleute länger in ihrem Versöhnungsversuch zusammen und scheitert die Versöhnung, beginnt die Trennungszeit von neuem.

Hat die Versöhnung Dauer, müssen Sie an diese Punkte denken:

→ Den eingereichten Scheidungsantrag zurücknehmen, damit die in Gang gesetzten Schlusstermine, zum Beispiel für die Berechnung des Versorgungsausgleichs, wieder aufgehoben werden.

→ Dem Finanzamt mitteilen, dass man wieder zusammenlebt, um die steuerlichen Vorteile der Zusammenveranlagung zu nutzen, und zwar rückwirkend vom Beginn des Kalenderjahres, in dem die Eheleute wieder einen gemeinsamen Haushalt führen.

→ Der Trennungsunterhalt ist mit dem Familienunterhalt nicht identisch. Das bedeutet, dass der Trennungsunterhalt erlischt, wenn Sie sich während der Trennungszeit wieder versöhnen. Bestand eine Vereinbarung oder ein Unterhaltstitel aus einem Gerichtsurteil, erlöschen diese. Jetzt müssen Sie sich wieder über den Familienunterhalt einigen.

Die Scheidung

Getrennt haben Sie sich schon vor einiger Zeit. Und der Entschluss hat sich inzwischen auch als richtig erwiesen. Kein Versöhnungsversuch hat geklappt, die ersten Schritte in ein eigenständiges Leben – ob mit oder ohne Kinder – liegen hinter Ihnen und haben auch ihre positiven Seiten offenbart. Jetzt geht es also tatsächlich um die Scheidung. Und da gibt es einige Punkte, die sich ändern oder die neu hinzukommen.

interview

Ich habe mich auf das Gespräch mit meiner Anwältin gründlich vorbereitet und mir genau überlegt, was ich alles wissen will. Erstaunlich, was es da alles noch zu regeln gab, als es nach der Trennung nun wirklich ernst werden sollte. Es war schon ein Riesenschritt, der mich einige Überwindung gekostet hat. Aber jetzt habe ich es geschafft und bin froh, dass endlich alles geklärt ist.

DIE SCHEIDUNG STEHT AN

Die richtige Anwältin, den richtigen Anwalt finden

Vielleicht haben Sie ja schon bei der Trennung eine Anwältin oder einen Anwalt gesucht und sich beraten lassen. Spätestens jetzt brauchen Sie anwaltliche Unterstützung: Hilfe für die richtige Organisation Ihrer Scheidung, damit alles gut klappt, Sie keine Fehler machen, keine Rechtsverluste erleiden und fair aus der Sache herauskommen. Und dafür sind Informationen besonders wichtig. Notieren Sie zunächst die Fragen, die Sie schon in der Trennungszeit geklärt haben und welche Punkte noch offen sind. Dann holen Sie Rechtsrat ein. Falls noch nicht geschehen, finden Sie jetzt einen Anwalt Ihres Vertrauens und führen Sie ein erstes Gespräch. Damit werden die Weichen gestellt. Scheuen Sie diese Kosten nicht (→ Kapitel »Die Kosten der Scheidung und wer sie bezahlt«, S. 62).

Es gibt Fachanwälte für Familienrecht und Anwälte, die zwar nicht den Titel »Fachanwalt« führen, deren Spezialgebiet aber das Familienrecht ist. Ein Verzeichnis führen die Anwaltsvereine und -kammern in Ihrer Stadt (→ Service, S. 122).

Aber nicht nur die Fachkenntnis ist entscheidend. Mit Anwälten ist es nicht viel anders als mit Ärzten: Ihre Kompetenz kann man selbst kaum beurteilen, aber man muss sich verstanden und gut beraten fühlen. Trotz der Empfehlung durch die enge Freundin oder den Anwaltsverein: Es kann passieren, dass die Chemie nicht stimmt.
Natürlich kann man den Anwalt jederzeit wechseln. Der »Anwaltsvertrag« ist von einer Minute auf die andere zu kündigen.
Die Sache hat nur einen Haken: Der gekündigte Anwalt hat Anspruch auf die durch seine Tätigkeit entstandenen Gebühren, von seltenen Ausnahmefällen abgesehen, in denen er nichts oder völlig Falsches getan hat. Der neue Anwalt aber hat dieselben Gebühren noch einmal zu bekommen – Sie bezahlen also im Endeffekt zwei Anwälte. Ein Anwaltswechsel ist also nur anzuraten, wenn es wirklich nicht anders geht – dann aber möglichst rasch.
Weil bei einer Scheidung so viele Emotionen mit im Spiel sind, kann es leicht vorkommen, dass juristisch durchaus einfache Problemstellungen nicht lösbar erscheinen, weil die persönliche Betroffenheit noch sehr stark ist. In einem solchen Fall kann es sinnvoll sein, therapeutische Hilfe in Anspruch zu nehmen. Das entlastet nicht nur Sie, sondern auch die Arbeit Ihres Anwalts.

Verschiedene Formen der Scheidung

Es ist soweit: Die Scheidung soll eingereicht werden. Dazu brauchen Sie einen Anwalt und das Familiengericht – ohne geht es nicht. Vor dem Familiengericht, in der Regel in dem Ort, wo Sie und die minderjährigen Kinder wohnen, wird Ihre Scheidungssache verhandelt. Ein Familienrichter scheidet durch Gerichtsurteil Ihre Ehe, wenn sie als gescheitert gilt. Das ist der Fall, wenn Sie keine Lebensgemeinschaft mehr mit Ihrem Ehepartner haben und auch nicht erwartet werden kann, dass Sie sie wieder herstellen. Mit der Rechtskraft des Urteils ist die Ehe dann endgültig aufgelöst.
Bis dahin gelten die Regeln der Trennungszeit (→ Kapitel »Die Trennung«, S. 5).
Bevor Sie sich scheiden lassen können, müssen folgende Voraussetzungen erfüllt sein:

- → Trennung der Eheleute
- → Ende der ehelichen Lebensgemeinschaft
- → Regelung der Scheidungsfolgen
- → Scheidungsantrag an das Familiengericht.

Die einverständliche Scheidung

Sind beide Ehegatten sich einig, dass sie geschieden werden wollen, kann frühestens nach Ablauf eines Trennungsjahres der Scheidungsantrag beim zuständigen Familiengericht eingereicht werden. Das Gericht prüft nur noch, ob das Trennungsjahr abgelaufen ist. Ob die Ehe tatsächlich gescheitert ist, wird nicht verhandelt.
Aber für die einverständliche Scheidung nach Ablauf des einjährigen Trennungsjahres ist es nötig, dass Sie sich mit Ihrem Ehepartner über Sorgerecht, Unterhalt sowie Hausrat und Ehewohnung geeinigt haben. Diese Vereinbarung legen Sie am besten zusammen mit dem Scheidungsantrag beim Familiengericht vor.

voraussetzungen

für die einverständliche Scheidung

- ✔ Wir wollen beide geschieden werden.
- ✔ Wir haben einen gemeinsamen Vorschlag zur gerichtlichen Regelung von Sorgerecht und Umgangsrecht.
- ✔ Oder: Wir haben eine übereinstimmende Erklärung, dass keine Sorge- und Umgangsrechtsanträge gestellt werden.
- ✔ Wir haben uns über den Kindesunterhalt geeinigt.
- ✔ Wir haben uns über den Ehegattenunterhalt geeinigt.
- ✔ Wir haben uns geeinigt, was mit der Ehewohnung geschieht und wer welche Gegenstände aus dem Hausrat bekommt.

Wichtig: Sind Sie sich nur einig, dass beide geschieden werden wollen und nicht über die Folgedinge wie Sorgerecht, Unterhalt, Ehewohnung und Hausrat, greift die Zerrüttungsvermutung nicht ein. Das Gericht muss dann im Rahmen einer streitigen Scheidung das Scheitern der Ehe ausdrücklich feststellen (→ »Streitige Scheidung«, rechte Spalte). Regelungen über den Versorgungsausgleich müssen nicht vorgelegt werden, da die Auskünfte der einzelnen Versorgungsträger über das Gericht eingeholt werden. Auch über den Zugewinnausgleich müssen Sie zum jetzigen Zeitpunkt keine einvernehmliche Regelung vorlegen (beachten Sie die Verjährungsfristen, → S. 91).

Bei einer einvernehmlichen Scheidung nach dreijähriger Trennung wird das Scheitern der Ehe unwiderlegbar vermutet. Ausreichend ist deshalb der Antrag eines scheidungswilligen Ehepartners auf Scheidung der Ehe. Der Scheidungsantrag muss über einen Anwalt beim zuständigen Familiengericht eingereicht werden.

Die streitige Scheidung

Der eine Ehepartner möchte geschieden werden, der andere nicht. In einem solchen Fall spricht man von einer streitigen Scheidung. Kommt es dazu, müssen beide Eheleute anwaltlich vertreten sein, da nur über den Anwalt Anträge bei Gericht eingereicht werden können, wenn es um die Scheidung und die Folgesachen geht.

Da eine Ehe nur geschieden wird, wenn sie zerrüttet ist, hat das Gericht zu prüfen, ob dies auf die Ehe der Parteien zutrifft. Da die dreijährige Trennungszeit noch nicht abgelaufen ist – nur dann wäre die Zerrüttung unwiderlegbar zu vermuten – muss die Antragstellerin die Zerrüttung vortragen und dafür Beweise nennen. Der Antragsgegner, der nicht geschieden werden will, kann die Zerrüttung widerlegen, indem er die Beweise entkräftet und Gegenbeweise vorlegt.

Kernpunkt der Zerrüttungsfeststellung ist die Prognose über die künftige (Nicht-)Herstellung der ehelichen Lebensgemeinschaft. Das Gericht wird daher zunächst prüfen, wie die Ehe in der letzten Zeit geführt wurde, ob es Streit gab, wie sich das Zusammenleben gestal-

Der Scheidungsantrag muss immer über einen Anwalt beim Familiengericht eingereicht werden.

tete. Darüber müssen die Eheleute Auskunft geben. Dann werden die Umstände der Trennung erforscht und insbesondere das Verhalten kurz vor Einreichung des Scheidungsantrages. Hieraus ergibt sich ein Bild, das den Stand der Ehesituation in den meisten Fällen deutlich macht. Hierbei führt die ernsthafte einseitige Abwendung eines Ehepartners in der Regel dazu, dass die Ehe auch schon nach einem Jahr Trennung geschieden werden kann.
Nur einzelne Gerichte verweisen auf die dreijährige Trennungszeit mit dem Hinweis, dass der Richter nicht zur vollen Überzeugung von der Endgültigkeit der Zerrüttung gekommen ist. Allerdings prüft das Gericht, bevor geschieden wird, warum der eine unbedingt an der Ehe festhalten will, während der andere so eindeutig geschieden werden möchte. Die bloße Hoffnung auf die Rückkehr des Ehegatten verhindert die Scheidung nicht.

Was die Scheidung schwerer macht

Wichtig sind die Kinderschutzklausel und die Ehegattenschutzklausel. Das sind Schutzvorschriften die bewirken, dass eine Ehe – auch wenn sie gescheitert ist – nicht geschieden werden soll, wenn entscheidende Gründe vorliegen, an der Ehe festzuhalten.
Kinderschutzklausel: Ist es für die Kinder der Eheleute unabdingbar, dass die Eltern zusammen bleiben, weil die Kinder sonst ernsthaften Schaden nehmen würden, wird nicht geschieden. Das könnte der Fall sein, wenn das Kind sehr labil oder schwer krank ist. Ein Sachverständiger wird zu Rate gezogen, der sich mit den Kindern beschäftigt und gegebenenfalls ein kinderpsychologisches Gutachten erstellt.
Ehegattenschutzklausel: Zweck dieser Vorschrift ist es, dem Ehegatten, der nicht geschieden werden möchte, Zeit zu geben, sich auf die veränderten Umstände einzustellen. Die schwere Härte muss sich aus der Scheidung an sich ergeben und die Schutzklausel praktisch das einzige Mittel sein, um den Ehegatten vor einer für ihn unerträglichen Lage zu schützen. Normalerweise wird aber dem scheidungsunwilligen Ehegatten zugemutet, sich damit abzufinden, dass er geschieden wird und die daraus für ihn entstehende seelische Belastung zu tragen. Ein bloßes Festhalten an der Ehe aus Versorgungsgründen stellt keine schwere Härte dar. Als Härtefälle kommen zum Beispiel die langjährige gemeinsame Pflege eines behinderten Kindes oder jahrelange besonders aufopferungsvolle Sorge um den Ehegatten und die familiären Belange in Betracht.

Die Scheidung vor Ablauf des Trennungsjahres

Die Ehe kann auch geschieden werden, wenn die einjährige Trennungszeit noch nicht abge-

laufen ist oder wenn überhaupt noch keine Trennung vorliegt. In einem solchen Fall muss das Scheitern der Ehe konkret festgestellt werden und eine tiefe innere Trennung gegeben sein. Wenn zum Beispiel zwischen den Eheleuten jede innere Zuneigung und jedes Verständnis für ihre Verpflichtung zur gegenseitigen Achtung und Rücksichtnahme fehlt. Hinzukommen muss jedoch, dass die Fortsetzung der Ehe für den scheidungswilligen Ehepartner aus Gründen, die in der Person des anderen Ehegatten liegen, eine unzumutbare Härte darstellt.
Zum Beispiel: Verletzung der ehelichen Treue, schwere Beleidigungen oder Drohungen, Misshandlungen, Alkoholexzesse, Straftaten.

Die Kosten der Scheidung und wer sie bezahlt

Die Erstberatung

Sie gehen zu einem Anwalt, weil Sie glauben, dass Ihr Ehemann sich von Ihnen trennen will. Sie möchten Auskunft über Ihre Rechte für den Fall der Trennung und eventueller späterer Scheidung.
In einem solchen Fall haben Sie die Möglichkeit einer sogenannten Erstberatung. Eine Erstberatung liegt dann vor, wenn Sie sich in dieser Sache zum ersten Mal an diesen Anwalt wenden und es auch bei einer Beratung bleibt. Die Gebühren sind mit 175 Euro zuzüglich der gültigen Mehrwertsteuer festgelegt. Eine Auslagenpauschale in Höhe von 20 Euro fällt an, wenn Sie beispielsweise im Anschluss an die Besprechung eine schriftliche Zusammenfassung des Gesprächs erhalten. Nur für die Übersendung der Rechnung darf eine Auslagenpauschale nicht verlangt werden.

tipp

Wenn Sie für die Erstberatung nicht genügend Geld haben, können Sie einen Beratungsschein bei der Geschäftsstelle des Amtsgerichts erhalten und damit eine Beratung bei einem Anwalt Ihrer Wahl bekommen. Eine Kostenbeteiligung von in der Regel 10 Euro muss von Ihnen übernommen werden. Es gibt auch Bundesländer, in denen es eine öffentliche Rechtsauskunft gibt. Dort können Sie sich gegen eine geringe Kostenbeteiligung beraten lassen.

Das Gerichtsverfahren mit zwei Anwälten

Für das Verfahren vor Gericht müssen Sie Gerichtskosten bezahlen. Und da das Gesetz eine anwaltliche Vertretung vorschreibt, kommen die Anwaltskosten hinzu. Entsprechende Kosten entstehen, wenn Sie sich gegen das von Ihrem Ehepartner eingeleitete Scheidungsverfahren wehren wollen.
In Familiensachen zahlt jeder grundsätzlich die Kosten des eigenen Anwalts selbst und die anfallenden Gerichtskosten werden geteilt. Die Anwaltsgebühren sind in der Bundesrechtsanwaltsgebührenordnung festgelegt, die Gerichtskosten im Gerichtskostengesetz.

Mit der rechtskräftigen Scheidung durch das Gericht ist die Ehe endgültig aufgelöst.

Sie sind abhängig von der Höhe der Werte, über die man streitet. Je höher der so genannte Streitwert ist, desto teurer wird es.
Da bei einer ersten Beratung meist nicht abzusehen ist, was alles im Streit enden wird, lässt sich die genaue Gebührenhöhe schwer einschätzen, ungefähre Anhaltspunkte gibt es aber schon.
Der Streitwert eines Scheidungsverfahrens setzt sich aus dem dreifachen Nettoeinkommen der Eheleute zusammen, mindestens 2000 Euro. Hinzu kommen die Streitwerte der Verfahren, die im Verbund mit der Scheidung geregelt werden, zum Beispiel der Versorgungsausgleich mit mindestens 500 Euro, das Sorgerecht mit mindestens 750 Euro für jedes Kind, der Unterhalt mit dem Jahreswert des verlangten monatlichen Unterhaltsbetrages (zum Beispiel 12 000 Euro, wenn monatlich 1 000 Euro verlangt werden). Wird auch über die Ehewohnung gestritten, ist der Streitwert eine Jahreskaltmiete.
Das Familiengericht setzt die Streitwerte im Zusammenhang mit dem Abschluss des Scheidungsverfahrens fest. Hat sich zum Beispiel ein Gesamtstreitwert von 16 250 Euro ergeben, belaufen sich die Scheidungskosten auf ca. 2 200 Euro für jeden, hinzu kommen die Gerichtskosten mit ca. 350 Euro, die geteilt werden.

Ein Anwalt für beide?

Die Scheidung kann mit nur einem Anwalt durchgeführt werden, wenn Sie und Ihr Ehepartner sich über Unterhalt, Hausrat, Ehewohnung und Vermögensausgleich im Zusammenhang mit der Scheidung einig sind und dies in einer notariellen Scheidungsfolgenvereinbarung oder einem Anwaltsvergleich bereits geregelt haben.
Der Scheidungsantrag wird beim Familiengericht eingereicht, der nicht vertretene Ehepartner stimmt dem Scheidungsbegehren zu. Dazu ist eine separate anwaltliche Vertretung nicht erforderlich. Die Anwaltskosten halbieren sich damit, weil sie nur einmal anfallen. Die Gerichtskosten vermindern sich dadurch nicht. Sie haben zwar die Kosten für die außergerichtliche Regelung durch den Notar oder den Anwaltsvergleich, aber insgesamt ist ein solches Vorgehen in der Regel kostengünstiger als die streitige Auseinandersetzung vor Gericht.

Prozesskostenhilfe und Prozesskostenvorschuss

Wenn Ihr Einkommen gering ist und weder Sie noch Ihr Ehepartner genügend Geld für die Prozesskosten haben, können Sie Prozess-

kostenhilfe beim Familiengericht beantragen. Dann trägt die Staatskasse Ihre Scheidungskosten ganz oder teilweise. Je nach Höhe Ihres Einkommens müssen Sie die Kosten in Raten zurückzahlen, aber nicht länger als 48 Monate. Einen entsprechenden Vordruck gibt es bei der Geschäftsstelle des Familiengerichts oder bei Ihrem Anwalt.
Prozesskostenhilfe schließt nicht jedes Risiko aus! Wer zum Beispiel den Unterhaltsprozess verliert, muss die Kosten des Gegners und auch die Gerichtskosten bezahlen.
Wenn Ihr Ehepartner ein hohes Einkommen hat, Sie aber nicht, können Sie einen Prozesskostenvorschuss von ihm verlangen und müssen die Scheidungskosten nicht selbst bezahlen.
Wichtig: Der Prozesskostenvorschuss kann zurückverlangt werden – auch nach der Scheidung –, wenn sich Ihre wirtschaftlichen Verhältnisse verbessern.

Das Finanzamt trägt die Kosten mit

Zu den Kosten, die als außergewöhnliche Belastungen abgezogen werden können, gehören auch die Kosten der Scheidung. Sämtliche Anwalts- und Verfahrenskosten der Ehescheidung einschließlich der Scheidungsfolgenregelungen können geltend gemacht werden, weil sie als »zwangsläufig« angesehen werden. Hierzu gehören:

→ Regelung der elterlichen Sorge über ein gemeinsames Kind
→ Regelung des Umgangsrechtes mit dem nicht sorgeberechtigten Elternteil
→ Entscheidung über die Unterhaltspflicht gegenüber Kindern und dem Ehegatten
→ Regelung des Versorgungsausgleichs
→ Regelung der güterrechtlichen Verhältnisse
→ Zuteilung der Ehewohnung
→ Verteilung des Hausrates
→ Gutachterkosten für Vermögensbewertung
→ Aufwendungen für die Fahrten zu Gerichtsterminen oder für die Besuche bei Anwälten, Notaren, Sachverständigen, Behörden oder dem Grundbuchamt.

Das gilt aber nur soweit die zumutbare Eigenbelastung überschritten ist. Deshalb ist es empfehlenswert, sämtliche Kosten in einem Kalenderjahr zusammenzuziehen.

Was anders ist bei der zweiten Scheidung

Mehrfach zu heiraten ist heute durchaus üblich. Das setzt voraus, dass mehrfach geschieden wird. Mit jeder neuen Scheidung ergeben sich neue Verpflichtungen und Verflechtungen, die in die neue Beziehung hineinwirken, sei es durch die Höhe der Unterhaltsverpflichtungen gegenüber der Ex-Gattin mit gemeinsamen Kindern und Stiefkindern, sei es durch die Besuchsregelungen mit den Kindern der ersten, der zweiten und vielleicht auch der dritten Ehe oder Lebenspartnerschaft. Hat auch der Exehepartner Kinder mit in die Ehe gebracht, wollen auch die Stiefkinder, mit denen man vielleicht jahrelang zusammengelebt hat, nicht zu kurz kommen und beanspruchen Zeit und Fürsorge.
Ein Überblick über die Rechte und Pflichten, ein Plan, wer wann wie lange zu Besuch kommt oder geht, hilft, das neue Glück im Auge zu behalten und die anstehende Scheidung möglichst stressfrei zu beenden.

rechte und pflichten bei mehrfacher scheidung

Setzen Sie sich in einer ruhigen Minute hin, denken über folgende Punkte nach und machen sich am besten auch Notizen dazu.

Unterhalt:

- ✔ Unterhalt Kinder aus Vorehen:
- ✔ Unterhalt Kinder aus bestehender Ehe:
- ✔ Unterhalt Stiefkinder:
- ✔ Unterhalt Exehegatten aus Vorehen:
- ✔ Familienunterhalt der bestehenden Ehe:

Umgangsregelungen:

- ✔ Wann kommen die Kinder aus Vorehen zu Besuch?
- ✔ Wann kommen die Stiefkinder zu Besuch?
- ✔ Wann besuchen die Kinder, die bei uns leben, den anderen Elternteil?
- ✔ Wann wird mit wem Urlaub gemacht und wie lange?

Schulden:

- ✔ Höhe der Darlehensverpflichtungen aus Vorehen?
- ✔ Höhe der Verbindlichkeiten der jetzigen Ehe?

Sonstige Fragen:

- ✔ Haben in der Wohnung alle Platz?
- ✔ Staatliche Zuschüsse wie zum Beispiel Wohngeld, Kindergeld mit Zählkindervorteil, steuerliche Entlastungen geltend machen:
- ✔ Fallen Ihnen noch weitere Fragen ein?

interview

Ich habe ziemlich schnell mitbekommen, dass meine Eltern sich scheiden lassen wollen. Erst hatte ich Angst, wie das wohl alles wird. Aber dann haben Papa und Mama mit mir gesprochen, mir alles erklärt, wie das passiert ist und so. Und dann sind wir sogar zusammen in Mamas neue Wohnung gegangen und haben mein neues Zimmer dort angeschaut, wo ich am Wochenende wohnen werde. Ich darf sogar nächste Woche mit Möbel aussuchen fahren.

DIE KINDER REDEN MIT

Das Sorgerecht für die Kinder

Während der Trennungszeit hatten Sie die elterliche Sorge unter Umständen bereits geregelt oder alles lief weiter wie bisher. Mit der anstehenden Scheidung stellt sich noch einmal die Frage, was mit den Kindern wird. Die Trennungszeit ist durchlebt, ein veränderter Alltag hat sich eingestellt. Wird die Scheidung daran etwas ändern? Manchmal zieht nach der Scheidung ein Elternteil in eine andere Stadt, nimmt berufliche Chancen wahr, weil die Kinder nicht mehr bei ihm leben. Oder der Elternteil mit den Kindern zieht in eine günstigere Wohnung.
Andere Elternteile bleiben bewusst in der Nähe ihrer Kinder, um den Kontakt zu ihnen

zu halten und suchen sich in diesem Umfeld eine Wohnung. Umgangsregelungen nehmen daher eine wichtige Rolle ein, denn sie bilden das oft einzige Bindeglied zum anderen Elternteil, der ausgezogen ist.
Juristisch gesehen haben die Eltern wie schon in der Trennungszeit die gemeinsame elterliche Sorge. Die Scheidung ändert daran nichts. Im Rahmen des Scheidungsverfahrens ist jetzt nur dann noch eine Entscheidung über die elterliche Sorge zu treffen, wenn zumindest ein Elternteil einen Antrag auf Übertragung der elterlichen Sorge stellt. Ein solcher Antrag kann nur mit Hilfe eines Anwalts gestellt werden. Wird im Scheidungsverfahren ein Sorgerechtsantrag nicht gestellt, muss der Scheidungsantrag dennoch Angaben zu den gemeinsamen minderjährigen Kindern enthalten, zum Beispiel Namen, Geburtsdaten und bei wem sie leben. Das Gericht muss die Eltern zur elterlichen Sorge anhören und weist die Eheleute auf die Beratungsangebote des Jugendamtes hin. Das Jugendamt wird von der anstehenden Scheidung informiert und bietet seinerseits in eigener Verantwortung den Eltern Beratung und Hilfe an.
Haben Sie bereits während der Trennungszeit eine Entscheidung des Familiengerichts erstritten, mit der Ihnen die alleinige elterliche Sorge übertragen wurde, müssen Sie jetzt nichts mehr veranlassen. Die Entscheidung gilt auch über die Scheidung hinaus. Im Scheidungsantrag teilen Sie über Ihren Anwalt dem Gericht lediglich mit, dass es bei der vorherigen Entscheidung bleiben soll.
Aber: Handelt es sich um eine Entscheidung, die ausdrücklich nur für die Zeit des Getrenntlebens gilt, müssen Sie jetzt im Zusammenhang mit der Scheidung über Ihren Anwalt einen neuen Antrag stellen, wenn Sie auch weiterhin die alleinige elterliche Sorge wollen. Soll sich das ändern und möchten Sie nach der Scheidung die elterliche Sorge gemeinsam mit Ihrem Expartner ausüben, müssen Sie nichts veranlassen. Zur Klarstellung teilen Sie über Ihren Anwalt im Scheidungsantrag dem Familiengericht mit, dass gemeinsame elterliche Sorge gewünscht wird. Sind Sie derjenige Elternteil, der bislang keine elterliche Sorge hatte, und möchten das ändern, müssen Sie ein förmliches Verfahren in

alleinsorge ist möglich

Beispiele sind:

- ✔ Fehlender Grundkonsens zwischen den Eltern, Mangel an Kooperationsfähigkeit und -willen, Gleichgültigkeit eines Elternteils.
- ✔ Mangelnde Eignung zur Pflege und Erziehung; Gewaltanwendung eines Elternteils gegen den anderen oder gegen die Kinder.
- ✔ Die Bindungen des Kindes liegen sehr stark bei einem Elternteil.
- ✔ Der Wille des Kindes und seine Neigungen weisen ganz deutlich auf einen Elternteil hin.

tipp

Kontakt halten zu beiden Großeltern-Paaren: Gerade da sich die Familienstrukturen so stark verändern, können die Großeltern (von Vater- und Mutter-Seite) ein Fels in der Brandung für die Kinder sein. Sie helfen dabei, so manches Problem zu lösen. Enkelkinder finden ein offenes Ohr, wenn es um persönliche Probleme geht wie Schule, Hobbys, Erziehungsmaßnahmen und Fragen, die mit dem Kontakt des Kindes zum abwesenden Elternteil zusammenhängen.

Gang setzen. Sie müssen jetzt ausführlich begründen, warum Sie glauben, dass eine Änderung im Sorgerecht im Interesse der Kinder liegt und was Sie dafür leisten können.
Auch nach der neuen gesetzlichen Regelung gibt es weiterhin die Möglichkeit, die elterliche Sorge nach Trennung oder Scheidung allein auszuüben. Wann statt einer gemeinsamen oder teilweise gemeinsamen elterlichen Sorge Alleinsorge eines Elternteils in Betracht kommt, lässt sich nur im Einzelfall entscheiden. Ab ungefähr dem vierten Lebensjahr wird auch das Kind nach seiner Meinung gefragt und gegebenenfalls auch ein kinderpsychologisches Gutachten eingeholt.
Auch die Stellungnahme des Jugendamtes ist wichtig.
Das Familiengericht überträgt die Sorge einem Elternteil allein, wenn es meint, dies sei für das Kind besser. In diesem Fall wird das Kind ausschließlich von diesem Elternteil vertreten.

»Wann kommst du, Papa?« – die Umgangsregelungen

Trennen sich die Eltern oder lassen sich scheiden, kommt es vor, dass plötzlich ein Elternteil »verschwunden« ist und mit ihm ein liebgewordener und besonders wichtiger Bestandteil des kindlichen Lebens.
Das Umgangsrecht möchte dem nicht betreuenden Elternteil die Möglichkeit geben, sich von der körperlichen und geistigen Entwicklung seines Kindes fortlaufend zu überzeugen – er soll es also sehen und mit ihm sprechen können. Ferner dient es dazu, die verwandtschaftlichen Beziehungen aufrechtzuerhalten, einer Entfremdung vorzubeugen sowie dem gegenseitigen Liebesbedürfnis Rechnung zu tragen. Der Sorgeberechtigte hat dabei alles zu unterlassen, was das Verhältnis des Kindes zum anderen Elternteil beeinträchtigen kann. Andererseits kommt es auch vor, dass die Eltern-/Kindbeziehung wenig förderungswürdig ist und das Kind zurecht den Umgang verweigert. Sind Sie der Meinung, dass ein solcher Fall vorliegt, sollten Sie unbedingt die Hilfestellung des Jugendamtes /Amt für Soziale Dienste in Anspruch nehmen und die Möglichkeit vermittelnder Gespräche nutzen. Hilft das nicht weiter, können Sie gerichtliche Hilfe in Anspruch nehmen.
Wichtig: Der Umgang ist nicht mehr nur auf die Eltern beschränkt. Seit der Reform des Kindschaftsrechts haben auch Dritte wie Großeltern, Geschwister, Stiefeltern, Pflegeeltern und frühere Partner einer eingetragenen Partnergemeinschaft ein Umgangsrecht.
Aber allein aufgrund ihrer Verwandtschaft,

steht den Großeltern ein Umgangsrecht nicht zu. Es muss dem Kindeswohl entsprechen und die Großeltern müssen auch eine Bezugsperson für das Kind sein. Das Kind kann also keinesfalls gezwungen werden, zu seinen Großeltern zu gehen, ebensowenig können die Großeltern gezwungen werden, sich um ihr Enkelkind zu kümmern.

Das Recht des Kindes auf Umgang

Mit der Neuregelung des Kindschaftsrechtes wollte der Gesetzgeber noch stärker betonen, dass das Kind nicht nur Objekt des zwischen den Eltern ausgehandelten Umgangs ist, sondern dass der Umgang der Eltern mit ihrem Kind ganz wesentlich dessen Bedürfnis dient, Beziehungen zu beiden Elternteilen aufzubauen und zu erhalten. Die Ausgestaltung als Recht des Kindes soll Signalwirkung entwickeln sowohl für den Umgang mit dem anderen Elternteil, der das Umgangsrecht am liebsten vereiteln würde, als auch für einen Elternteil, der sich dem Umgang entzieht und sich nicht mehr um sein Kind kümmert. Es wird an das Verantwortungsgefühl der Eltern appelliert, sich als Eltern zu fühlen und für ihr Kind da zu sein. Es handelt sich um ein Pflicht-Recht der Eltern, das im Interesse des Kindes besteht.

Eltern mit gemeinsamem Sorgerecht entscheiden auch gemeinsam, mit wem ihr Kind Umgang hat. Darf das Kind Oma und Opa besuchen, bei Tante Marte übernachten oder mit der Freundin Anna ein Wochenende verbringen? Soll das Kind Ballettunterricht haben, Musikunterricht, Reitstunden? Wieviel Fernsehen und Sitzen am Computer ist gut für Ihr Kind? Können sich die Eltern nicht einigen, wen das Kind sehen darf und wen nicht, kann gerichtliche Hilfe in Anspruch genommen werden.

umgangsrecht

- ✔ Einem Elternteil, der den Umgang mit seinem Kind ohne nachvollziehbare Gründe verweigert, kann nicht die gemeinsame elterliche Sorge zugestanden werden. Die Gerichte gehen sogar so weit, einen Sorgerechtsmissbrauch darin zu sehen, wenn der sorgeberechtigte Elternteil dem berechtigten Interesse des Kindes am Umgang mit der Bezugsperson des Kindes nicht Rechnung trägt oder gar das Umgangsrecht in einer das Kindeswohl gefährdenden Weise verhindert.
- ✔ Ist der sorgeberechtigte Elternteil nicht willens oder nicht in der Lage, den Kindeswunsch nach Umgang mit dem anderen Elternteil durchzusetzen, kann dem Kind für ein Gerichtsverfahren ein Pfleger durch das Gericht beigeordnet werden (→ S. 78).

Wie oft das Kind zu Besuch kommen darf

Wie oft und wie lange Ihr Kind zu Besuch kommen darf oder wie oft es seinen leiblichen

Elternteil, Stiefelternteil, die Großeltern oder Geschwister sehen darf, richtet sich nach dem Willen der Eltern und nach dem Wohl des Kindes. Von Fall zu Fall muss eine individuelle Regelung gefunden werden, die unter Berücksichtigung aller Umstände dem Wohl des Kindes entspricht und mit der auch die Elternteile klarkommen.

Worauf es ankommt beim Besuchsrecht

Jeder Fall ist anders und die Umstände bestimmen mit, wie man das Umgangsrecht des Kindes gestaltet.
Maßgeblich sind:

→ Vor allem das Alter des Kindes: Ein Säugling, der noch gestillt wird, bleibt besser bei der Mutter.

→ Die bisherige Intensität der Beziehung zum Umgangsberechtigten: Haben sich zum Beispiel Mutter und Sohn noch nie gut verstanden, sollten sie nicht zwei Wochen Urlaub auf einer einsamen Insel machen müssen, sondern sich langsam wieder aneinander gewöhnen.

→ Die Entfernung zwischen den Wohnorten der Eltern: Ein sechsjähriges Kind wird nicht allein mit dem Zug von Hamburg nach München dürfen, unter Umständen aber mit dem Flugzeug.

→ Die sonstigen Interessen und Bindungen des Kindes und der Eltern: Ein Kind, das nicht schwimmen kann und Angst vor dem Wasser hat, muss nicht mit auf einen Segeltörn.

→ Die Dauer des jeweiligen Kontaktes: Der Besuch ist möglichst so zu gestalten, dass sich eine häufig vorhandene Anfangsscheu legen und eine wirkliche Vertrautheit bilden kann. Kind und Umgangsberechtigter müssen daher etwas Sinnvolles miteinander unternehmen können.

Unter Umständen sind kürzere Abstände zwischen den Besuchstagen kindgerechter als längere Abstände. Denn vor allem kleinere Kinder, bei denen eine Übernachtung noch nicht ohne weiteres in Betracht kommt, haben Mühe, sich wieder an Papa oder Mama zu erinnern, wenn zu viel Zeit zwischen den Besuchen liegt. Ihr Gedächtnis reicht noch nicht so weit. Und das könnte zur Folge haben, dass Ängste und Misstrauen entstehen.

tipp

Die generell übliche Regelung, dass das Kind mindestens alle 14 Tage über das Wochenende zu dem Elternteil geht, bei dem es nicht lebt, muss immer auch am Einzelfall überprüft werden. Ist die Entfernung zum Elternteil nicht groß, sind unter Umständen auch Besuche unter der Woche möglich.

Ferien machen

Ein gemeinsamer Urlaub fördert und pflegt die Beziehung zwischen Eltern und Kind. Deshalb kann das Kind die Hälfte der Schulferien beim nicht sorgeberechtigten Elternteil verbringen. Wenn die Oster- und Herbstferien nicht aufgeteilt werden sollen, weil sich bei-

spielsweise eine Reise für eine Woche nicht lohnt und vielleicht auch zu viel Unruhe bringt, können diese Ferien jeweils im Wechsel ganz bei einem Elternteil verbracht werden.
Ein häufiger Streitpunkt ist auch die Verteilung der kirchlichen Feste wie Weihnachten, Ostern und Pfingsten. In der Regel geht das Kind jeweils am ersten der Hohen Festtage zu seinem Besuchs-Elternteil.
Diese Aufteilung führt häufig zu Problemen, weil viele diese Zeit für einen Kurzurlaub nutzen möchten. Häufig bleibt dabei der besondere Charakter dieser Besuchstermine unberücksichtigt, denn unabhängig von der religiösen Bedeutung, die der betreffende Elternteil den kirchlichen Feiertagen beimisst, haben sie ihre besondere Stellung im Ablauf des Jahres. Für ein kleines Kind ist es nicht gleichgültig, ob es solche Feiertage ausschließlich im Kreis der neuen Familie verbringt oder auch Kontakt mit dem anderen Elternteil hat. Gerade an diesen Festtagen spielen Rituale wie gemeinsames Keksebacken und Ostereierbemalen eine große Rolle. Der Besuchselternteil wird daher unangemessen benachteiligt, wenn ihm die Möglichkeit genommen wird, gerade an den für die emotionale Seite der Eltern-Kind-Beziehung wichtigen Feiertagen den persönlichen Umgang mit dem Kind zu pflegen. Auf der nächsten Seite finden Sie ein Muster, wie die Eltern eine einvernehmliche Umgangsregelung schriftlich festhalten können.

Ihr Kind ist zu Besuch – was Sie allein entscheiden dürfen

Auch der Elternteil, bei dem das Kind nicht dauernd lebt, bei dem sich das Kind aber zeitweise aufhält, hat während der Dauer dieses Aufenthaltes ein Alleinentscheidungsrecht in Angelegenheiten der tatsächlichen Betreuung. Er kann also durchaus auch Spielregeln für ein vernünftiges Miteinander aufstellen und muss sich nicht um des lieben Friedens willen alles gefallen lassen.
Das darf aber nicht so weit gehen, dass Sie Ihre Tochter nun endlich beim Ballett anmelden oder Ihren Sohn beim Fußball, weil Sie das schon immer wollten, Ihr Mann aber immer dagegen war.
Der Kreis der Angelegenheiten, die der Besuchselternteil allein entscheiden darf, ist eng geschnitten. Betroffen davon sind in erster Linie Angelegenheiten der tatsächlichen Betreuung, beispielsweise was das Kind zu essen bekommt oder wann es zu Bett gehen soll.

Kinder brauchen bei einem Besuch oft ein bisschen Zeit, bis sich ihre Anfangsscheu legt.

muster

Privatschriftliche Vereinbarung der Ehepartner zur Regelung des Umgangs- und Besuchsrechts mit gemeinsamen Kindern

Wir sind uns darüber einig, dass die elterliche Sorge für unsere beiden Kinder Thomas, geb. 17.6.1998, und Lilli, geb. 27.7.1996, uns gemeinsam verbleiben soll. Wir werden deshalb Anträge beim Familiengericht nicht stellen.

Wir sind uns darüber einig, dass beide Kinder zukünftig ihren Lebensmittelpunkt bei der Mutter der Kinder haben.

Der Kontakt zum Vater soll jedoch durch eine umfangreiche Umgangsregelung so intensiv wie möglich im Interesse der Kinder gestaltet werden. Das Wohl der Kinder ist dabei stets zu berücksichtigen.

Auf der Grundlage unserer derzeitigen Lebensverhältnisse vereinbaren wir, zumindest für die nächsten zwölf Monate, nachfolgende Besuchsregelung:

Der Vater kann beide Kinder am 1. und 3. Wochenende eines Monats, jeweils von freitags 17.00 Uhr bis sonntags 17.00 Uhr zu sich nehmen. Der Vater wird die Kinder bei der Mutter abholen, nach Rücksprache gegebenenfalls im Kindergarten, und wird die Kinder sonntags um 17.00 Uhr zur Mutter zurückbringen. Änderungen werden rechtzeitig abgestimmt.

Hinsichtlich der Ferienplanung wird der Vater die erste Hälfte der Sommerferien mit den Kindern verbringen sowie jeweils die ganzen Herbst- und Frühjahrsferien im Wechsel mit der Mutter.

Hinsichtlich der Hohen Festtage wie Weihnachten, Pfingsten und Ostern werden die Eltern sich rechtzeitig abstimmen. Es wird davon ausgegangen, dass die Kinder jeweils den ersten dieser Festtage beim Vater verbringen, um den Spaß, den diese Tage gewöhnlich mit sich bringen, auch mit dem Elternteil verbringen zu können, bei dem sie nicht leben.

Im übrigen soll die Umgangsregelung großzügig gestaltet werden.

Nach Ablauf von zwölf Monaten werden die Eltern gegebenenfalls gemeinsam mit den Kindern überprüfen, ob sich die bisherige Regelung bewährt hat. Es kann dann die alte Regelung einverständlich fortgesetzt werden oder es wird eine passende neue Regelung gefunden werden.

Die Kindeseltern sind sich darüber einig, dass gerichtliche Hilfe nur ausnahmsweise in Anspruch genommen werden soll. Vorab soll bei Meinungsverschiedenheiten zunächst das Jugendamt als Vermittler eingeschaltet werden.

Ort, Datum

Unterschrift Mutter   Unterschrift Vater

Gerade über die Form der Betreuung gibt es häufig Streit. Bevor der zwischen den ehemaligen Partnern eskaliert, sollten sie sich klar machen, ob wirklich das flegelhafte Benehmen des Kindes, der Ärger über die viele Hausarbeit, die es beim Expartner machen muss, der Grund sind. Oder ob nicht vielmehr alte Beziehungskonflikte dahinter stecken.

Probleme mit dem Umgangsrecht

Die Gerichte haben eindeutig entschieden: Das Wohl der Kinder kann nicht an dem gemessen werden, was dem sorgeberechtigten Elternteil zumutbar ist. Die Verfeindung der Eltern rechtfertigt also keinen Ausschluss des Umgangsrechtes, auch wenn sich die Spannungen der Eltern auf das Kind übertragen. Grundsätzlich hilft es der Entwicklung der Kinder nicht, sie stets unter eine »Schutzglocke« zu legen. Auch Kinder müssen lernen, durch Veränderungen belastet zu werden, aus deren Wirkungen sie neue Kräfte beziehen.

Sie selbst können aber mithelfen, dass es weniger Ärger mit dem Besuchsrecht gibt:

→ Nutzen Sie die freie Zeit, wenn Ihr Kind beim Ex ist, als Geschenk für sich.

→ Machen Sie unmissverständlich klar, dass Sie die Besuchszeit bereits für sich verplant haben.

→ Klären Sie sachlich, gegebenenfalls mit fremder Hilfe, warum das Kind nicht zum anderen Elternteil will. Gibt es konkrete Anhaltspunkte für die Weigerung?

→ Überlegen Sie, was Sie vielleicht gegen einen Besuchstag haben.

ärger vermeiden

Immer wieder kommt es vor, dass Eltern ihre Kinder nicht zu Besuch zum anderen Elternteil lassen wollen. Viele Gründe können dahinter stecken. Überprüfen Sie, ob das auch bei Ihnen so ist:

- ✔ Der neue Partner passt ihnen nicht.
- ✔ Befürchtungen werden geäußert, was alles Schreckliches passieren könnte.
- ✔ Es kommt schon bei der Übergabe des Kindes am Besuchstag zu Streit zwischen den getrennt lebenden oder geschiedenen Eheleuten.
- ✔ Der Kontakt mit der neuen Partnerin/dem neuen Partner des Ex/der Ex bei der Übergabe wird als Zumutung empfunden.

Einschränkungen oder Ausschluss des Umgangsrechts

In wichtigen Fällen kann das Familiengericht das Umgangsrecht oder den Vollzug früherer Entscheidungen über das Umgangsrecht einschränken oder ausschließen, soweit dies zum Wohl des Kindes erforderlich ist, gegebenenfalls unter Zuhilfenahme eines kinderpsychologischen Gutachtens.

Wenn Sie nicht wissen, ob das Umgangsrecht ausgeschlossen werden sollte oder nicht, holen Sie sich Hilfe bei den Familienberatungsstellen (www.profamilia.de).

Bevor das Umgangsrecht völlig ausgeschlos-

sen wird, wird zunächst durch eine Einschränkung des Umgangsrechts versucht, trotzdem einen Kontakt zwischen Elternteil und Kind aufrechtzuerhalten. Beispielsweise so, dass der Vater sein Kind nur noch zweimal im Monat für jeweils höchstens zwei Stunden in den Räumen des Kinderschutzbundes sehen darf.
Liegen extreme Fälle wie sexueller Missbrauch, Gewalttätigkeiten oder drohende Kindesentführung vor, ist mit einem Ausschluss des Umgangsrechts zu rechnen. Auch eine nachhaltige Weigerung des Kindes, den Besuchselternteil zu sehen, kann zu einem Stillstand in der Umgangsregelung führen.

Wenn das Kind gar nicht zum Vater will, sollte man herausfinden, warum es sich so sträubt.

Wenn das Kind nicht will

Das Kind will partout nicht zum Vater oder zur Mutter. Manche sagen das ganz deutlich und wehren sich, manche drucksen nur herum, weinen und gebrauchen Ausflüchte. Wenn dann der frühere Partner auch noch Vorwürfe macht wie: »Alles Deine Schuld, Du willst eben nicht, dass das Kind zu mir kommt«, reagiert man vielleicht selbst gereizt: »Was kann ich dafür, wenn sie nicht will. Du siehst doch selbst, dass es nicht geht«. Und schon ist der Konflikt da, das Umgangsrecht liegt brach, Wochen und Monate verstreichen ohne ein Treffen.
Eine Zwickmühle für alle Beteiligten. Denn für eine gesunde Entwicklung des Kindes geschiedener Eltern ist es in der Regel von großer Bedeutung, auch mit dem abwesenden Elternteil regelmäßig Kontakt zu halten.
Sorgt der betreuende Elternteil nicht dafür, dass das Kind regelmäßig den abwesenden Elternteil besuchen darf, kann das weitreichende Folgen haben: Eine fortgesetzte massive und schuldhafte Vereitelung des Umgangsrechts kann in schwerwiegenden Fällen zu einer teilweisen oder gänzlichen Verwirkung des Ehegattenunterhalts des betreuenden Elternteils führen. Das Verhalten kann auch als Missbrauch des elterlichen Sorgerechts aufgefasst werden und zu einer Neuverteilung des Sorgerechts führen.

muster

Antrag auf Ausschluss des Umgangsrechts

Antrag auf Ausschluss des Umgangsrechts, §1684 BGB
An das Amtsgericht
– Familiengericht –
70520 Glückstadt

In dem Verfahren des Kindes
Silvia Glückskind, geb. 24.1.1995
Beteiligte:

1. Frau Elenie Mutter
2. Herr Frank Vater
3. Kreis-/Stadt-/Jugendamt in 70520 Glückstadt

wegen Ausschluss des Umganges bitte ich, das Umgangsrecht für den Vater mit dem Kind Silvia, geb. am 24.1.1995, für die Dauer von einem Jahr auszuschließen.
Begründung:
Unsere Ehe wurde durch Urteil des Familiengerichts Frankfurt a.M. am 26.3.2002 rechtskräftig geschieden. Das Sorgerecht für unsere Tochter Silvia wurde mir, der Mutter, allein übertragen. Durch Vereinbarung vom 26.2.2002 hatten wir uns über den Umgang des Vaters mit unserer Tochter Silvia geeinigt. Die Vereinbarung füge ich bei.
Silvia weigert sich seit mehreren Wochen beharrlich, mit ihrem Vater zusammen zu sein. Nur mit allergrößter Mühe war es bei den letzten beiden Besuchsterminen noch möglich, Silvia zu bewegen, mit ihrem Vater mitzugehen und bei ihm zu bleiben. Der Vater hat Silvia bereits nach etwa drei Stunden wieder zurückgebracht, weil sie sich massiv gegen ihn auflehnte.
Hintergrund des ablehnenden Verhaltens dürfte sein, dass der Vater sich bei den Besuchsterminen kaum persönlich um Silvia kümmert, sondern erwartet, dass sie sich mit Fernsehen und Computerspielen beschäftigt. Eine tragfähige Vater-Kind-Beziehung besteht offensichtlich nicht. Der Vater nimmt die Umgangsrechtstermine erkennbar nur wahr, um seine Vaterrolle zum Schein auszufüllen.
Mit dem zuständigen Jugendamt haben wir gesprochen, eine Besserung ist dadurch nicht eingetreten. Wegen der zunehmenden Entfremdung ist damit zu rechnen, dass Silvia zukünftig nur noch mit Gewalt dazu veranlasst werden kann, zum Vater zu gehen. Dies wäre unzulässig und auch mit dem Kindeswohl nicht vereinbar.
Der Ausschluss des Umgangsrechtes zunächst für die Dauer von einem Jahr ist geeignet und erforderlich, um eine schwere Entwicklungsstörung des Kindes zu vermeiden.

Ort, Datum
Elenie Mutter

Damit es nicht soweit kommt, nehmen Sie am besten rechtzeitig die Hilfe der Familienberatungsstellen in Anspruch. Wenn gar nichts hilft, reichen Sie einen Antrag auf Abänderung oder Ausschluss des Umgangsrechts beim Familiengericht ein (Muster → S. 75).

Wenn Sie das Umgangsrecht mit Zwangsmitteln durchsetzen wollen

Sie haben Ihren Sohn seit Monaten nicht gesehen. Mal ist es der Geburtstag einer Freundin, der gefeiert werden soll, mal eine Klassenreise, eine kleine Erkältung oder sonst irgend etwas, was bei jedem Termin dazwischen kommt. Langsam haben Sie das Gefühl, dass Ihnen Ihr Kind vorenthalten wird.

Richtig ist, dass das Umgangsrecht mit gerichtlicher Hilfe erzwungen werden kann. Aber: Mit Gewalt das Kind zu sich holen, vielleicht durch einen Gerichtsvollzieher? Klingt nicht besonders überzeugend.

Damit die Situation nicht eskaliert, sollten Sie als der umgangsberechtigte Elternteil sich ebenfalls mit Verständnis auf den anderen Elternteil zu bewegen und helfen, Ängste abzubauen. Sie könnten zum Beispiel erklären, was Sie für das Wochenende geplant haben. Auch eine Versicherung, dass die Erziehungsvorstellungen des anderen Elternteils respektiert werden, trägt dazu bei, Vertrauen zu schaffen.

Wer die Kosten trägt, die mit dem Besuch des Kindes zusammenhängen

Wenn Kinder ihren Besuchselternteil sehen wollen, ist das meist mit Kosten verbunden, denn die geschiedenen Eltern leben nicht immer in unmittelbarer Nachbarschaft. Handelt es sich nur um die Fahrkarte für die Straßenbahn, weil der Papa zwei Stationen weiter wohnt, wird das kein Problem darstellen. Bei den Kosten für eine längere Bahnfahrt oder gar ein Flugticket, wird es schon schwieriger, diese Kosten zu tragen.

Wer sie übernehmen muss, ist klar: Grundsätzlich hat der Umgangsberechtigte die üblichen Kosten, die ihm bei der Ausübung des Umgangsrechtes entstehen, wie Fahrt-, Übernachtungs-, Verpflegungskosten und ähnliches aus seinen Mitteln zu bestreiten, und zwar unabhängig davon, ob die elterliche Sorge gemeinsam ausgeübt wird oder nicht. Zur Entlastung dienen dem Umgangsberechtigten dabei staatliche Vergünstigungen wie das Kindergeld, das ihm im Verhältnis zum anderen sorgeberechtigten Elternteil zur Hälfte zusteht.

tipp

Bevor Sie einen Zwangsantrag stellen, helfen vielleicht vertrauensbildende Maßnahmen in Form von Gesprächen mehr, bestehende Ängste abzubauen. Bedenken Sie, dass es auch für Ihren geschiedenen Ehepartner nicht leicht ist, das Kind loszulassen, und er sich vielleicht überwinden muss, Ihnen das Kind in ein fremdes Umfeld mitzugeben.

Eine Verpflichtung, die Kinder auf eigene Kosten zum Besuchselternteil zu bringen oder dort abzuholen, besteht nicht, auch dann nicht, wenn zum Beispiel die Mutter mit den Kindern in einen vom Vater weit entfernten Ort verzogen ist. Denn grundsätzlich kann jeder geschiedene Ehegatte seinen künftigen Wohnort und Lebenskreis selbst bestimmen. Eine Abweichung von diesen Grundsätzen ist die absolute Ausnahme und nur aus Billigkeitsgründen unter Abwägung aller Umstände des Einzelfalles zu rechtfertigen.
Eine Ausnahme könnte beispielsweise gegeben sein, wenn durch einen Umzug erhebliche Reisekosten für die Ausübung des Umgangsrechtes anfallen und der Umgangsberechtigte in so beengten wirtschaftlichen Verhältnissen lebt, dass die Belastung der Fahrtkosten für ihn unzumutbar ist und praktisch dazu führt, dass er sein Umgangsrecht nicht oder nur in erheblich eingeschränktem Umfang ausüben kann.
Ob dann allerdings der sorgeberechtigte Elternteil einspringen muss, ist eine Frage der wirtschaftlichen Verhältnisse dieses Elternteils, der in keinem Fall schlechter gestellt werden darf. Liegt ein Fall so beengter wirtschaftlicher Verhältnisse vor, gibt es die Möglichkeit der Erstattung von Kosten über das Sozialamt.

Die Rolle des Jugendamtes

Bevor das Familiengericht in Fragen des Sorgerechts oder des Umgangsrechts entscheidet, wird es in aller Regel einen Bericht des zuständigen Jugendamtes einholen. Die dortigen

Durch die Vermittlung des Jugendamtes kann ein Kontakt zum Kind wiederhergestellt werden.

Mitarbeiter besuchen die Familie, sprechen mit den Eltern, Geschwistern und mit den Kindern. Im so genannten Jugendamtsbericht beschreibt der Mitarbeiter das Bild, das er sich von den Geschehnissen gemacht hat, erläutert seine fachlichen Überlegungen und gibt eine Stellungnahme zur erzieherischen Eignung der Eltern ab.
Bei Konflikten anlässlich der Übergabe der Kinder an den Besuchselternteil – wenn das Kind zum Beispiel nicht mit will oder wenn Zweifel bestehen, ob der Besuchselternteil mit den Kindern verantwortungsbewusst umgehen kann – gibt es die Möglichkeit, mit Hilfe des Jugendamtes einen »beschützten Umgang« durchzuführen.
Eine langsame Anbahnung mit Hilfe der Mitarbeiter des Jugendamtes ist auch möglich, wenn sich ein Elternteil und das Kind lange nicht gesehen haben.

mehr verlangen

Mehrbedarf ist der Teil des Lebensbedarfs, der regelmäßig und über einen längeren Zeitraum anfällt und das übliche Maß derart übersteigt, dass er mit den Regel- oder Tabellensätzen nicht bezahlt werden kann. Zum Beispiel: krankheitsbedingte Kosten, Kosten für Privatschule, Internat, Sonderunterricht, bestimmte Ernährung wegen Allergie, Therapiekosten. Mehrbedarf muss aber kalkulierbar sein, damit er eingerechnet werden kann.

Sonderbedarf ist unregelmäßig auftretender, außergewöhnlich hoher und nicht vorhersehbarer Bedarf, der zu einem einmaligen Ausgleich neben dem regelmäßig geschuldeten laufenden Barunterhalt führen kann. Zum Beispiel: unvorhergesehene Krankheits- oder Operationskosten, Konfirmation oder Klassenreise.

Anwalt des Kindes – der Verfahrenspfleger

Seit der Kindschaftsrechtsreform ist es möglich, für das Kind einen Verfahrenspfleger durch das Gericht bestellen zu lassen, einen sogenannten »Anwalt des Kindes ». Er ist dafür da, die Rechte des Kindes im Zusammenhang mit Sorge- und Umgangsrechten wahrzunehmen, wenn die Eltern das nicht schaffen, weil sie zum Beispiel zu betroffen sind. Das Gesetz spricht davon, dass »das Interesse des Kindes in erheblichem Gegensatz zu dem seiner gesetzlichen Vertreter steht«.
Der Pfleger vertritt das Kind anstelle seiner Eltern und passt auf, dass es nicht zu kurz kommt, zum Beispiel wenn es um Besuchsrechte geht. Er kann auch von sich aus aktiv werden und ein solches Verfahren einleiten. Wenn Sie mehr darüber wissen möchten, wenden Sie sich am besten an die Geschäftsstelle des für Sie zuständigen Familiengerichts an Ihrem Ort.

Kinder kosten Geld

Mit der Scheidung ändert sich an der Verpflichtung, Kindesunterhalt zu zahlen, nichts. Das gilt für minderjährige und volljährige Kinder gleichermaßen (→ Kapitel »Wieviel Unterhalt den Kindern zusteht«, S. 23) Wichtig ist, dass Sie im Zusammenhang mit der Scheidung noch einmal überprüfen, ob der bisher geltend gemachte Unterhalt ausreichend ist. Es könnten sich zum Beispiel die Düsseldorfer Tabelle, das Kindergeld, der Bedarf des Kindes oder das Einkommen des Unterhaltsverpflichteten geändert haben. Obwohl grundsätzlich nur alle zwei Jahre Auskunft über die Einkommenshöhe des Unterhaltsverpflichteten verlangt werden kann, können Sie im Zusammenhang mit der Scheidung die Gelegenheit ergreifen und schon jetzt Auskunft verlangen, selbst wenn die zwei Jahre noch nicht abgelaufen sind. Auch die Frage nach einem Mehrbedarf (→ Kasten und S. 31) oder einem Sonderbedarf des Kindes sollte noch einmal aufgegriffen werden.

interview

Ich habe mich nie darum gekümmert, was mein Mann verdient. Wir hatten ein gemeinsames Konto, auf das mein Mann monatlich das Wirtschaftsgeld überwiesen hat. Besondere Lust, mich mit dem Finanzkram zu befassen, verspürte ich ohnehin nicht. Später bin ich dann hellwach geworden und wollte von meinem Mann wissen, was wir eigentlich haben und was damit geschieht. Es stellte sich nach langem Nachfragen heraus, dass wir viel mehr hatten, als ich die ganze Zeit vermutet hatte.

WENN ES UM DAS GELD GEHT

Recht auf Auskunft

Der Auskunftsanspruch hat den Zweck, die (ehemaligen) Eheleute in die Lage zu versetzen, ihren Unterhaltsanspruch oder ihren Anspruch auf Zugewinnausgleich richtig zu bemessen (→ Kasten S. 80).
Sie können verlangen, dass Ihr Ehepartner ein Verzeichnis über seine Einkünfte und Ausgaben erstellt, und zwar mit der erforderlichen Sorgfalt.
Die Auskunftspflicht besteht alle zwei Jahre, vorher kann Auskunft nur verlangt werden, wenn besondere Umstände eingetreten sind, zum Beispiel eine erhebliche Verbesserung oder Verschlechterung des Einkommens.

auskunftsverpflichtung

Ehegatten sind verpflichtet, einander Auskunft über ihre Einkommens- und Vermögenssituation zu erteilen, und zwar:

- ✔ Während intakter Ehe, um zu klären, wie hoch Wirtschaftsgeld und Haushaltsgeld sein müssen, um die Trennung vorbereiten zu können.
- ✔ Während des Getrenntlebens, um zu klären, in welcher Höhe Unterhaltsverpflichtungen bestehen.
- ✔ Nach der Ehescheidung, um zu klären, in welcher Höhe Unterhaltsverpflichtungen bestehen.

Die Auskunftspflicht entfällt:
→ Wenn der Unterhaltsverpflichtete den geltend gemachten Bedarf in jedem Fall zahlen kann und es auch tut.
→ Wenn selbst bei höherem Einkommen kein höherer Unterhalt geschuldet ist, das Kind zum Beispiel den vollen Unterhalt bekommt.
→ Wenn kein Unterhaltsanspruch besteht.

Was alles offenbart werden muss

Sie müssen Ihr gesamtes inländisches und ausländisches Einkommen offenlegen, egal aus welchen Einkunftsquellen es stammt.
Dazu gehören:
→ Einkünfte aus abhängiger Beschäftigung sowie daraus resultierende zusätzliche Leistungen. Zum Beispiel: Zuschläge und Sachleistungen zum Grundgehalt; Urlaubsgeld, Weihnachtsgeld, Trinkgeld, Essenszuschuss; Tantiemen; Kaufkraftausgleich; Jubiläumszuwendungen; Lohnersatzleistungen; Renten; Überstunden; Vermögenswirksame Leistungen; Abfindungen; Wohnwert bei mietfreiem Wohnen; BAföG-Leistungen; Vermögensvorteil aus Jahreswagen; Verletztenrente aus der gesetzlichen Unfallversicherung; Wohngeld; Einkünfte aus Schwarzarbeit; Zulagen.
→ Einkünfte aus Land- und Forstwirtschaft.
→ Einkünfte aus Gewerbebetrieb.
→ Einkünfte aus selbstständiger Arbeit.
→ Einkünfte aus Kapitalvermögen.
→ Einkünfte aus Vermietung/Verpachtung.
→ Sonstige Einkünfte im Sinne des Einkommensteuergesetzes.

Um diese Einkünfte zu erfassen, brauchen Sie Belege. Was Sie verlangen können:
→ Verdienstbescheinigungen für 12 Monate, die so aufgeschlüsselt sind, dass die einzelnen Abzugsposten erkennbar sind.
→ Lohnsteuerkarte.
→ Einkommensteuerbescheide mit Steuererklärung und Anlagen.
→ Gesellschafter und Geschäftsführer, deren Einkommen gewinnabhängig ist, müssen Bilanzen, Gewinn- und Verlustrechnungen, Körperschafts- und Umsatzsteuerbescheide vorlegen, auch wenn die Mitgesellschafter protestieren.
→ Besteht für einen Selbstständigen keine Bilanzierungspflicht, so ist eine Einnahmen-Überschussrechnung vorzulegen.

→ Kapitaleinkünfte können durch Vorlage von Zinsbestätigungen der Banken belegt werden.

→ Bei Mieteinkünften genügt die Vorlage der Mietverträge.

Wichtig: Anders als beim Auskunftsanspruch im Güterrecht (→ Abschnitt »Auskunftsansprüche im Güterrecht«) besteht bei der unterhaltsrechtlichen Auskunft grundsätzlich kein Anspruch auf Auskunft über den Verbleib früheren Vermögens und keine Verpflichtung, die Geldbewegungen, die während der Ehezeit vorgenommen wurden, darzulegen.

Auskunft – Zeitraum

Für welchen Zeitraum Auskunft erteilt werden muss, hängt davon ab, um welche Einkommensart es sich handelt. Die üblichen Zeiträume sind:

→ Bei abhängig Beschäftigten:	1 Jahr
→ Bei Selbstständigen:	3 bis 5 Jahre
→ Bei Kapitaleinkünften:	3 Jahre
→ Bei landwirtschaftlichen Einkünften:	3 Jahre
→ Bei Vermietung und Verpachtung:	3 Jahre

Die Auskunft kann verlangt werden ab dem Zeitpunkt des Auskunftsverlangens oder ab Einreichung der Klage beim Familiengericht.

Auskunftsansprüche im Güterrecht

Da ein Ehegatte das Endvermögen des anderen oft nicht genau kennt, verpflichtet das Gesetz zur Auskunft. Mit der Zustellung des Scheidungsantrags steht der Stichtag fest, zu dem der Kassensturz gemacht werden muss.

Es besteht ein Anspruch auf:

→ Auskunft über den Bestand des Vermögens

→ Wertermittlung der Vermögensgegenstände und Verbindlichkeiten

→ Anfertigung eines kompletten Vermögensverzeichnisses.

Ein Recht oder eine Pflicht auf Auskunft besteht auch hinsichtlich früherer Vermögensgegenstände, wenn etwa eine illoyale Vermögensminderung vorliegt. Das heißt, Vermögen wurde zum Nachteil des Ehepartners verschoben. Typischer Fall: Die neue Freundin bekommt erst einmal ein Auto und einen Urlaub in der Karibik bezahlt. Auch darf Vermögen nicht verschwendet werden. Liegt ein solcher Fall vor, werden diese Beträge fiktiv dem Endvermögen zugesetzt, sodass der Expartner noch etwas davon abbekommt.

Von entscheidender Bedeutung ist, dass ein Verzeichnis verlangt werden kann, aus dem alle Gegenstände des Vermögens nach Aktiva und Passiva geordnet ersichtlich sein müssen, damit sich der andere Ehegatte ein Bild vom Wert des Endvermögens machen kann. Deshalb muss das Verzeichnis geordnet, übersichtlich, schriftlich abgegeben und unterschrieben sein.

Es genügt nicht, dass immer wieder einmal in einem Schriftsatz ein Vermögensteil erwähnt wird – und das über Jahre hinweg.

Besteht ein konkreter Grund zur Annahme, dass das Verzeichnis des Endvermögens nicht vollständig oder nicht mit der erforderlichen Sorgfalt erstellt worden ist, können Sie verlangen, dass Ihr Ehepartner hinsichtlich der Richtigkeit der Angaben eine eidesstattliche Versicherung abgibt. Hat er gelogen, macht er sich strafbar.

muster

Auskunftsverlangen Unterhalt gegenüber getrennt lebendem Ehepartner

Herrn
Frank Sorglos
Musterstr. 7
20313 Hamburg

Einschreiben mit Rückschein

15.2.2002

Lieber Frank,

da wir seit einigen Tagen endgültig in verschiedenen Wohnungen voneinander getrennt leben, muss jetzt der Unterhalt während des Getrenntlebens geklärt werden. Darüber hatten wir ja schon gesprochen. Damit wir beide wissen, was auf uns zukommt, und ich genau weiß, was mir zusteht, bitte ich Dich, mir Deine Einkommens- und Vermögensverhältnisse darzulegen. Bitte gib mir folgende Unterlagen:

1. Gehaltsbescheinigungen der letzten 12 Monate, beginnend mit Deinem Auszug am 1.2.2002, aus welchen sich erkennbar Deine Brutto- und Nettoeinkünfte ergeben, einschließlich sämtlicher Gratifikationen.
2. Ferner Gehaltsbescheinigungen über die von Dir seit einigen Wochen ausgeübte Nebenbeschäftigung bei der Firma Geld & Glück in Frankfurt a.M.
3. Auch die Zinsen und Dividenden aus Deinem Kapitalvermögen während der letzten 3 Jahre sowie die Steuererstattungen aus den Jahren 2001, 2000, 1999 gib mir bitte bekannt und lege die Bankbestätigungen vor und die Steuerbescheide.
4. Aus Vermietung und Verpachtung Deines Hauses in der Geldstr. 12, in 60313 Frankfurt a.M., beziehst Du Einkünfte. Bitte teile mir mit, was Du während der letzten drei Jahre eingenommen hast, und lege mir auch die Mietverträge vor.

Nach meinen Schätzungen beläuft sich Dein durchschnittliches monatliches Nettoeinkommen auf 3800 Euro. Nach Abzug berufsbedingter Aufwendungen in Höhe von 5% (= 190 Euro) sowie nach weiterem Abzug der von Dir noch bedienten Kreditrate für unsere gemeinsamen Anschaffungen in Höhe von 320 Euro verbleibt ein anrechenbares Nettoeinkommen in Höhe von 3290 Euro.

Hieraus ergibt sich bei einer Unterhaltsquote in Höhe von 3/7 ein Unterhalt für mich in Höhe von 1410 Euro. Ich behalte mir vor, gegebenenfalls eine erhöhte Unterhaltsrente zu verlangen nach Eingang Deiner Gehaltsbescheinigungen und Unterlagen.

Bitte zahle den ausgerechneten Betrag, beginnend mit dem 1.3.2002, zahlbar jeweils bis zum 3. des Monats, auf mein Konto bei der Europabank, Konto-Nr. 123 345 00, BLZ 900 100 00. Vielen Dank.

Bitte, lass mich nicht hängen. Sollten innerhalb der vorgenannten Frist die angeforderten Gehaltsbescheinigungen nicht bei mir eingegangen sein, müsste ich meinen Auskunfts- und Unterhaltsanspruch einklagen. Mir wäre es lieber, wir müssten nicht vor Gericht streiten.

Es grüßt Dich Silke

wichtig

Der während des Getrenntlebens bestehende Unterhaltsanspruch gilt bis zur Scheidung, dann gelten die Regeln über den nachehelichen Unterhalt.

Ehegattenunterhalt nach der Scheidung

Es gibt verschiedene Methoden, den neuen Unterhalt zu berechnen (→ Kapitel »Wovon Sie leben – Ehegattenunterhalt während der Trennungszeit«, S. 28).

Der Unterschied zum Trennungsunterhalt: Es besteht jetzt eine Erwerbsobliegenheit. Das bedeutet, Unterhalt bekommt nur, wer allein nicht zurecht kommt. Wenn Alter, Krankheit oder die Betreuung minderjähriger Kinder dies nicht verhindern, wird jetzt die Aufnahme einer Erwerbstätigkeit erwartet.

Verlangt wird eine regelmäßige Stellensuche mit Nachweis der schriftlichen Bewerbungen. Eine Arbeitssuche allein über das Arbeitsamt ist nicht ausreichend, allerdings wird verlangt, dass man sich dort sogleich arbeitslos meldet. Fortbildungsangebote müssen in jedem Fall angenommen werden.

Im Streitfall entscheidet das Familiengericht, ob Ihre Bemühungen um Arbeitsaufnahme ausreichend waren. Kommt der Familienrichter zu der Auffassung, dass Ihre Bemühungen das nicht waren, weil Sie zum Beispiel zu wenige oder nicht sorgfältig verfasste Bewerbungsschreiben vorlegen oder Angebote ohne hinreichende Begründung ausgeschlagen haben, wird Ihnen ein fiktives Einkommen angerechnet, dass in die Unterhaltsberechnung mit einbezogen wird.

Sind Kinder da, die betreut werden müssen, sieht es mit der Erwerbsobliegenheit anders aus. In der Rechtsprechung sind bestimmte Fallgruppen gebildet worden, an denen man sich orientieren kann.

- Bis zum 8. Lebensjahr des Kindes oder der Kinder wird dem betreuenden Elternteil in der Regel eine Erwerbstätigkeit nicht zugemutet.
- Danach bis zum 12. Lebensjahr des jüngsten Kindes eine stundenweise Tätigkeit,
- ab dem 12. Lebensjahr bis zum 15. Lebensjahr eine Ausweitung bis hin zur Halbtagstätigkeit, je nach den Umständen der Familie.

Für die Berechnung des Unterhalts muss man alle Einkünfte gewissenhaft zusammenstellen.

→ Obgleich eine verbindliche Festlegung der Altersgrenze, ab der der betreuende Elternteil eine Vollzeitbeschäftigung aufnehmen muss, nicht existiert, wird angenommen, dass bei der Betreuung eines Kindes etwa ab dem vollendeten 15. Lebensjahr eine Ganztagstätigkeit aufgenommen werden könnte.

Wann Sie Unterhalt bekommen

Ein typischer Sachverhalt: Viele Frauen beginnen (wieder) zu arbeiten, wenn die Ehe scheitert. Bei der Unterhaltsberechnung ging man in der Vergangenheit stets davon aus, dass an Barmitteln, die zum Lebensunterhalt zur Verfügung stehen, nur die Einkünfte des erwerbstätigen Ehemannes vorhanden sind. Die Folge: Die für die Unterhaltsbemessung maßgeblichen ehelichen Lebensverhältnisse wurden grundsätzlich nur durch diese Einkünfte geprägt und nicht auch durch den Wert der Hausfrauenarbeit, weil diese nicht in Bares umgemünzt wurde.

Das erst nach der Scheidung erzielte Einkommen der Ehefrau wurde als nicht mehr eheprägend angesehen und deshalb außer Betracht gelassen. Die Folge hiervon: Der Unterhalt berechnete sich ausschließlich aus dem Einkommen des Ehemannes. Das Einkommen der Ehefrau wurde auf ihren Unterhaltsanspruch angerechnet, sie bekam also keinen Pfennig Unterhalt, wenn ihr eigenes Einkommen so hoch war wie ihr Unterhaltsanspruch.

Die Entscheidung des Bundesgerichtshofs vom 13.6.2001 ist deshalb von besonderer Bedeutung, weil sie Schluss macht mit der so genannten Anrechnungsmethode und damit einen seit langem als ungerecht empfundenen Zustand beendet. Das Einkommen der Ehefrau nach der Scheidung wird als Ersatz für ihre frühere Tätigkeit als Hausfrau angesehen und fließt mit diesem Wert – also ihrem Einkommen – im Wege der sogenannten Differenzmethode in die Unterhaltsberechnung mit ein. Auf diese Weise ergibt sich in der Regel ein Anspruch auf Aufstockungsunterhalt. Im folgenden Beispiel werden die beiden Methoden einander gegenübergestellt.

Nehmen wir an, der Mann verdient 4 000 Euro. Um den Bedarf von Ehemann und Ehefrau zu berechnen, wird der Betrag durch zwei geteilt, jeder würde also 2 000 Euro bekommen. Genau diesen Betrag verdient aber die Frau. Nach der Anrechnungsmethode würde sie also nichts bekommen. Bei der Differenzmethode wird dieses Einkommen aber als prägend angesehen, also vom Verdienst des Ehemannes abgezogen. Der Betrag, der dabei herauskommt, wird durch zwei geteilt. Die Frau hat also einen Anspruch auf Aufstockungsunterhalt in Höhe von 1 000 Euro.

Der Bundesgerichtshof hat sich bislang noch nicht zu der Frage geäußert, wie zu rechnen ist, wenn zum Beispiel die Ehefrau nach der Scheidung nicht wieder arbeitet, ein Ersatz für ihre Hausfrauentätigkeit also nicht in die Unterhaltsberechnung mit einfließt, obwohl der Familienarbeit unbestritten ein wirtschaftlicher Wert zugestanden wird. Ob Sie nach der Scheidung überhaupt Unterhalt bekommen, hängt also von verschiedenen Voraussetzungen ab.

Der Unterhalt bemisst sich nach den ehelichen Lebensverhältnissen. Sie können grundsätzlich nicht mehr bekommen, als das, was es während der Ehe gab. Es sei denn, es ist besonders »knickerig« zugegangen. Da das Unterhaltsrecht sehr verzweigt ist, sollten Sie aber unbedingt Rechtsrat einholen.

Verschiedene Arten von Unterhalt nach der Scheidung

→ Betreuungsunterhalt, wenn gemeinsame Kinder betreut werden.
→ Unterhalt aufgrund des Alters, wenn eine Erwerbstätigkeit aus Altersgründen nicht mehr erwartet werden kann.
→ Unterhalt wegen Krankheit oder Gebrechen, wenn wegen Krankheit oder Gebrechen eine Erwerbstätigkeit nicht mehr erwartet werden kann.
→ Unterhalt wegen Erwerbslosigkeit, wenn nach der Scheidung keine angemessene Erwerbstätigkeit gefunden werden kann.
→ Aufstockungsunterhalt, wenn das eigene Einkommen nicht ausreicht.
→ Ausbildungsunterhalt, wenn eine Ausbildung ehebedingt abgebrochen wurde und nun fortgesetzt werden soll oder für Fortbildungsmaßnahmen oder für eine Umschulung.
→ Unterhalt nach Billigkeitsgesichtspunkten.

Wann Sie Unterhalt zahlen müssen

Unterhalt müssen Sie nur zahlen, wenn Sie leistungsfähig sind. Eine Unterhaltspflicht entfällt, wenn und soweit Ihnen nicht mehr verbleibt als der notwendige oder angemessene Selbstbehalt, der in den einzelnen Bundesländern nach den Richtlinien der Oberlandesgerichte festgestellt wird und derzeit zwischen 650 und 900 Euro beträgt.
Wichtig zu wissen ist: Sie müssen etwas dafür tun, damit Sie leistungsfähig sind. Nicht nur

Wer angemessenen Unterhalt aushandelt, kann meist seinen Lebensstandard halten.

unterhaltsberechtigt?

- ✔ Erfüllen Sie einen der Unterhaltstatbestände? Vergleichen Sie die in »Verschiedene Arten von Unterhalt nach der Scheidung« (→ S. 85) aufgeführten Punkte.
- ✔ Welchen Unterhaltsbedarf haben Sie?
  Listen Sie auf, was Sie für sich benötigen (der Unterhalt für die Kinder wird gesondert festgestellt). Bestandteile Ihres Anspruchs sind auch Ihr Krankenvorsorge- und Altersvorsorgeunterhalt, der auf das übliche Rentenalter von 65 Jahre begrenzt ist.
- ✔ Sind Sie in Höhe Ihres Bedarfs auch bedürftig?
  Denn wer sich entsprechend der ehelichen Lebensverhältnisse selbst unterhalten kann, bekommt keinen Unterhalt. Deshalb müssen Sie feststellen, in welcher Höhe Sie Ihren Unterhaltsbedarf aus eigenen Mitteln abdecken können. Eine Rolle spielen Einkünfte aus einer eigenen Erwerbstätigkeit, aus Vermietung und Verpachtung, mietfreiem Wohnen, Steuerrückerstattungen oder Kapitalanlagen.
- ✔ Ist der Verpflichtete leistungsfähig?
  Leistungsfähigkeit bedeutet, dass Ihr Ehepartner genügend Geld für Sie hat, wenn sein eigener angemessener Unterhalt berücksichtigt ist.

für den Unterhaltsberechtigten, sondern auch für den Unterhaltsverpflichteten gibt es eine Erwerbsobliegenheit. Das bedeutet: Ihre Leistungsfähigkeit wird nicht nur durch die tatsächlich vorhandenen Geldmittel geprägt, sondern auch durch solche Geldmittel, die Sie bei gutem Willen durch eine zumutbare Erwerbstätigkeit erreichen könnten. Sie müssen also unter Umständen einen Ortswechsel in Kauf nehmen, wenn Sie dort mehr Geld verdienen könnten. Auch ein Berufswechsel kann Ihnen unter Umständen zugemutet werden, damit die Familie ihr Auskommen hat.
Wichtig: Um Ihren Unterhaltsverpflichtungen nachzukommen, kann die Verwertung Ihres Vermögens zumutbar sein. Ob es soweit kommen muss, ist immer eine Frage der Abwägung der beiderseitigen wirtschaftlichen Verhältnisse.

Wer zuerst Unterhalt bekommt bei mehreren Unterhaltsberechtigten

Wer ist zuerst dran? Eine bange Frage, wenn es nicht für alle reicht, beispielsweise wenn jemand mehrfach geschieden wurde und aus jeder Ehe Kinder und Ehegatten ohne eigenes Einkommen da sind. Hat der Unterhaltsverpflichtete nicht genügend Geld, um allen Verpflichtungen nachzukommen, gilt die vom Gesetzgeber festgelegte Rangfolge.

unterhaltsverpflichtet?

- ✔ Wie hoch sind Ihr Einkommen und Ihr Vermögen?
  Klären Sie, was davon die ehelichen Lebensverhältnisse geprägt hat.
- ✔ Haben Sie Unterhaltsverpflichtungen gegenüber minderjährigen unverheirateten Kindern?
- ✔ Haben Sie Unterhaltsverpflichtungen gegenüber volljährigen unverheirateten Kindern, die ihre Ausbildung noch nicht abgeschlossen haben?
- ✔ Haben Sie Unterhaltsverpflichtungen gegenüber einem Ehegatten aus zuvor geschiedener Ehe?
- ✔ Bestehen berücksichtigungsfähige ehebedingte Verbindlichkeiten?
- ✔ Haben Sie Steuervorteile?
  Steuervorteile müssen wahrgenommen werden. Wenn Sie das nicht tun, müssen Sie unter Umständen damit rechnen, dass diese gegebenenfalls fiktiv angesetzt werden. Haben Sie versucht, Ihr zu versteuerndes Einkommen gegen Null zu reduzieren mit Hilfe von steuerlichen Abschreibungen, so nützt Ihnen das im Unterhaltsrecht wenig – sie werden im Zweifel nicht berücksichtigt.

→ An erster Stelle stehen die minderjährigen unverheirateten Kinder, egal aus welcher Ehe oder nichtehelichen Lebensgemeinschaft oder ob adoptiert.

→ Volljährige unverheiratete Kinder stehen diesen bis zum 21. Lebensjahr gleich, solange sie im Haushalt eines Elternteils leben und sich in der Schulausbildung befinden.

→ An zweiter und gegebenenfalls dritter Stelle stehen die geschiedenen Ehegatten. Dann erst sind die Ehegatten der bestehenden Ehe an der Reihe. Danach kommen die volljährigen Kinder an die Reihe, soweit sie den minderjährigen Kindern nicht mehr gleichgestellt sind.

Wenn nicht genug Geld da ist, kann es bei der Berechnung der Zuteilung eine Fülle von Problemen geben. Es ist daher sehr wichtig, Rechtsrat einzuholen.

Wieviel Unterhalt Sie bekommen

Um den Unterhalt gibt es viel Streit. Das hängt oft mit einer falschen Einschätzung der Lebensrealität der Eheleute zusammen und der Unkenntnis über das, wovon sie während der Ehe gelebt haben. Klären Sie für sich, welches Einkommen die ehelichen Lebensverhältnisse geprägt hat, wieviel Schulden Sie haben und wie sich zwischen Trennung und Scheidung die wirtschaftliche Situation für Sie verändert hat.

Die Höhe des Unterhalts bestimmt sich nach den ehelichen Lebensverhältnissen. Dadurch soll dem berechtigten Ehegatten der in der Ehe erreichte Lebensstandard, der als Ergebnis gemeinsamer Anstrengung angesehen wird, auch für die Zeit nach der Scheidung garantiert werden. Das Gesetz sieht keine Obergrenze für den nachehelichen Unterhalt vor. Entscheidend für die Höhe des Unterhaltsanspruchs sind alle Einkünfte der Eheleute, die die ehelichen Verhältnisse geprägt haben.

→ Prägend sind solche Einkommen, die auf Dauer zu erwarten waren, auch wenn es sich um andere geldwerte Umstände handelt, wie zum Beispiel mietfreies Wohnen oder die kostenlose Benutzung des Firmenwagens. Auch fiktive Einkünfte beider Ehegatten können bei der Ermittlung der Unterhaltshöhe angesetzt werden, wenn zum Beispiel ein Ehegatte seinen Verpflichtungen zur Erwerbstätigkeit nicht oder nur unzureichend nachkommt.

→ Nicht prägend für die ehelichen Lebensverhältnisse sind in der Regel die Einkommensbestandteile, die zur Vermögensbildung oder Altersvorsorge verwendet wurden. Dass Einkommen zur Vermögensbildung verwendet wird, wird in der Regel bisher erst angenommen, wenn das Nettoeinkommen über 3500 Euro liegt.

→ Außerordentliche Anstrengungen des Unterhaltsverpflichteten, zu denen er unterhaltsrechtlich nicht verpflichtet war, prägen die ehelichen Verhältnisse in der Regel nicht.

Maßgeblicher Zeitpunkt für die Feststellung der ehelichen Lebensverhältnisse ist die Rechtskraft der Ehescheidung. Schwierig wird es, wenn zwischen Trennung und Scheidung eine erhebliche Einkommensveränderung stattgefunden hat – etwa durch Arbeitslosigkeit. Welcher Zeitpunkt ist jetzt maßgebend? Die Rechtsprechung geht davon aus, dass Veränderungen, die zwischen Trennung und Scheidung eingetreten sind, grundsätzlich berücksichtigt werden müssen.

Etwas anderes kann gelten, wenn die Veränderung der Einkommensverhältnisse auf einer unerwarteten, vom Normalverlauf erheblich abweichenden Entwicklung beruht.

Veränderungen der Einkommensverhältnisse nach der Scheidung finden Berücksichtigung, wenn die Ursache, zum Beispiel für eine Gehaltssteigerung, bereits in der Ehe angelegt war. Bei einer Beförderung geht man davon in der Regel aus.

Wichtig

Im Unterhaltsrecht gibt es Eckdaten, an denen sich die Unterhaltsberechnung festmacht. Das sind:

- ✓ Die ehelichen Lebensverhältnisse.
- ✓ Die prägenden Einkünfte der Eheleute.
- ✓ Der maßgebliche Zeitpunkt der Berechnungsbasis.

Wann die Unterhaltspflicht endet

Es gibt Zeitpunkte, zu denen die Unterhaltsverpflichtung enden kann.

→ Die Unterhaltspflicht endet spätestens mit dem Tod des Unterhaltsberechtigten.
→ Stirbt der Unterhaltsverpflichtete, endet seine Unterhaltsverpflichtung nicht. Sie geht auf den oder die Erben als Nachlassverbindlichkeit über. Die Erben zahlen maximal so lange, bis der Betrag erreicht ist, der dem Pflichtteil entspricht, den der geschiedene Ehegatte bekommen hätte, wenn die Ehe nicht geschieden worden wäre.
→ Heiratet der Unterhaltsberechtigte oder geht er eine Lebenspartnerschaft ein, endet die Unterhaltsverpflichtung des ersten Ehegatten. Der erste Ehegatte muss aber unter Umständen wieder zahlen, wenn die zweite Ehe geschieden wird.
→ Die Unterhaltspflicht kann auch früher enden, etwa durch zeitliche Begrenzung. Das Gesetz weist auf diese Möglichkeit ausdrücklich hin. Eine zeitliche Begrenzung kommt nur unter besonderen Voraussetzungen in Betracht, zum Beispiel bei kurzer Ehedauer von wenigen Jahren. Keinesfalls jedoch, wenn Kinder betreut werden.

War die Ehe nur kurz und sind keine Kinder da, muss man sich meist wieder einen Job suchen.

Die Abänderung alter Unterhaltstitel

Mit dem Wegfall der Anrechnungsmethode (→ S. 85) stellt sich die Frage, ob eine Abänderung der alten Unterhaltsentscheidungen und eine Berechnung nach der Differenzmethode verlangt werden kann. Dies ist grundsätzlich möglich bei einer wesentlichen Änderung der Verhältnisse.

Eine Änderung der rechtlichen Beurteilung gilt zwar grundsätzlich nicht als Veränderung tatsächlicher Verhältnisse, berechtigt also nicht zur Abänderung eines Urteils. Anders ist dies allerdings, wenn sich die Bewertung eines Umstands, wie in diesem Fall der Hausfrauentätigkeit, so geändert hat, dass sich ein ganz neues Bild ergibt.

Hierzu muss man die neue Rechtsprechung des Bundesgerichtshofes wohl zählen, weil sie der Hausfrauentätigkeit einen wirtschaftlichen Wert beimisst.

Um sicher zu gehen, dass Sie mit einer Abänderungsklage Erfolg haben, überprüfen Sie mit Hilfe Ihres Anwalts, ob in Ihrem Fall die neue Rechtsprechung zu berücksichtigen ist.

Wer was bekommt im Zugewinnausgleich

Der Güterstand

Für die Art der Auseinandersetzung Ihres Vermögens zum Zeitpunkt Ihrer Scheidung ist es wichtig zu wissen, welchen Güterstand Sie haben. Es gibt drei Güterstände:

→ Zugewinngemeinschaft
→ Gütertrennung
→ Gütergemeinschaft

→ **Zugewinngemeinschaft:**
Haben Sie ohne vertragliche Regelungen geheiratet, erhalten Sie automatisch den gesetzlichen Güterstand der Zugewinngemeinschaft. Durch diese gesetzliche Regelung behält jeder Ehegatte sein Vermögen, das er in die Ehe mitgebracht hat und verwaltet es auch selbständig. Das Vermögen der Ehegatten bleibt also getrennt.
Auch was während der Ehe geerbt wird, steht allein demjenigen zu, der es bekommen hat. Wer etwas geschenkt bekommt, kann es allein behalten. Geschenke vermehren also nur das Vermögen des Beschenkten.
Erst bei Beendigung der Zugewinngemeinschaft etwa durch Scheidung, Tod oder vertragliche Aufhebung, wird der »Zugewinn«, also der Vermögenszuwachs, der während der Ehe von jedem der beiden Ehepartner erworben wurde, errechnet und die Differenz der beiden Zugewinne geteilt.

→ **Gütertrennung:**
Haben Sie mit Ihrem Ehepartner durch Ehevertrag Gütertrennung vereinbart, bleibt das Vermögen jedes Ehegatten ebenfalls getrennt.
Gravierender Unterschied zur Zugewinngemeinschaft: Es gibt keinen Ausgleich des während der Ehe erworbenen Vermögenszuwachses.

→ **Gütergemeinschaft:**
Haben Sie mit Ihrem Ehepartner durch Ehevertrag Gütergemeinschaft vereinbart, wird Ihr Vermögen und das Vermögen Ihres Ehepartners gemeinschaftliches Vermögen (Gesamtgut). Zum Gesamtgut gehört auch das Vermögen, das die Ehepartner während der Gütergemeinschaft erwerben. Für die Gütergemeinschaft gelten besondere Regeln.

Die Feststellung des Zugewinns – Anfangsvermögen

Beim Güterstand der Zugewinngemeinschaft spielen Anfangsvermögen und Endvermögen eine wichtige Rolle. Das Anfangsvermögen ist das Vermögen, das jeder Ehepartner nach Abzug der Verbindlichkeiten zu Beginn der Ehe hatte.
Wichtig: Ein negatives Anfangsvermögen gibt es nicht, denn Verbindlichkeiten werden nur bis zur Höhe des Vermögens berücksichtigt. Beginnt die Ehe mit Schulden, beträgt das Anfangsvermögen 0 Euro. Es sei denn, Sie legen vertraglich fest: »Das Anfangvermögen beträgt Minus 10 000 Euro.« Das hat den Vorteil, dass die Tilgung der Schulden in den Zugewinnausgleich fällt.
Das Anfangsvermögen muss derjenige beweisen, der sich darauf beruft. Haben Sie bei der Heirat kein Verzeichnis über das Anfangs-

vermögen aufgenommen, wird gesetzlich vermutet, dass das Endvermögen eines Ehegatten seinen Zugewinn darstellt! Das ist ungünstig, weil sich der Zugewinn aus Endvermögen minus Anfangsvermögen errechnet. Zwischen Heirat und Scheidung liegen oftmals viele Jahre. Die durch den Kaufkraftschwund des Geldes eingetretene nur nominelle Wertsteigerung des Anfangsvermögens ist kein Zugewinn. Die Ehegatten sollen nur den realen Wertzuwachs während der Ehe ausgleichen.
Um diesen »unechten« Zugewinn herauszurechnen, nimmt man die Statistik für die Lebenshaltungskosten aller privaten Haushalte in der BRD zu Hilfe, die man beim Statistischen Bundesamt bestellen kann (→ www.destatis.de).

Die Feststellung des Zugewinns – Endvermögen

Das Endvermögen ist das Vermögen, das jeder Ehepartner nach Abzug der Verbindlichkeiten bei Beendigung der Zugewinngemeinschaft hat. Auch hier spielen Schulden eine wichtige Rolle: Es gibt kein negatives Endvermögen, Verbindlichkeiten können nur bis zur Höhe des Vermögens abgezogen werden.

Die Berechnung des Zugewinns

Im Zusammenhang mit der Scheidung muss festgestellt werden, ob während der Ehe ein Zugewinn entstanden ist. Deshalb muss jeder Ehegatte Auskunft über die Höhe seines Endvermögens geben. Der bis dahin angefallene Zugewinn ist festzustellen und auszugleichen. Zu diesem Zweck wird das Endvermögen der Ehepartner jeweils dem Anfangsvermögen gegenübergestellt. Auch hier wirken sich Schulden aus: Der Zugewinn kann nicht negativ sein, es gibt keine Beteiligung an den Schulden des Ehepartners.

wichtig

Stichtag Zugewinn

- ✔ Der Tag der Zustellung des Scheidungsantrages ist der Stichtag für die Berechnung des Zugewinns.
- ✔ Wenn der Scheidungsantrag nicht zurückgenommen wird, sondern das Verfahren lediglich ruht, bleibt es beim ursprünglichen Stichtag, weil das alte Verfahren wieder aufgenommen und weitergeführt wird. Mit der Folge, dass eine Beteiligung am Vermögenszuwachs während dieser Zeit nicht stattfindet.

Verjährung Zugewinn

- ✔ Sie müssen Ihren Anspruch auf Zugewinnausgleich spätestens bis Ablauf von drei Jahren nach rechtskräftiger Ehescheidung geltend machen.

Spekulationssteuer

- ✔ Wird zum Beispiel eine Haushälfte innerhalb von 10 Jahren mit Gewinn an den Ehepartner übertragen, fällt Spekulationssteuer an.

form beachten

Einigen sich die Eheleute »per Handschlag« über ihre Vermögensauseinandersetzung, reicht das allein für eine wirksame Aufteilung nicht. Erst die notarielle Beurkundung oder die Protokollierung vor Gericht verhindern, dass nochmal Geld verlangt werden kann.

Das Familiengericht kann auf Antrag anordnen, dass der Zugewinnbetrag nicht in Geld gezahlt wird, sondern Vermögensgegenstände übertragen werden.

Den Zugewinnausgleich zahlen

Der Ausgleich des Zugewinns muss grundsätzlich sofort nach der rechtskräftigen Entscheidung erfolgen. Aber: Es kann ein Stundungsantrag gestellt werden, der Aussicht auf Erfolg hat, wenn einerseits eine sofortige Zwangsvollstreckung für den ausgleichspflichtigen Ehegatten eine besondere Härte bedeuten würde, es andererseits für den berechtigten Ehegatten aber zumutbar ist, auf das Geld zu warten. In einem solchen Fall kann das Familiengericht Ratenzahlung anordnen. Es müssen Stundungszinsen gezahlt werden, mindestens 4% p.a.
Besteht die Gefahr, dass die Begleichung der Zugewinnforderung nicht sicher ist, weil beispielsweise der ausgleichspflichtige Ehegatte sein Geld verschleudert, kann das Familiengericht anordnen, dass Sicherheit (etwa eine Bankbürgschaft) geleistet wird, damit der Berechtigte zu seinem Geld kommt.

ABC des Zugewinns

Gegenstand des Zugewinns ist grundsätzlich alles, was innerhalb der Ehezeit von den Ehegatten erworben wird. Es empfiehlt sich, in Zweifelsfällen Rechtsrat einzuholen.
Hier einige Beispiele, was Gegenstand des Zugewinns ist:

→ Abfindungen
Ja.

→ Abschreibungsgesellschaften, Beteiligungen
Ja. Die negativen Kapitalkonten bei den Abschreibungsgesellschaften sind als solche keine Verbindlichkeiten. Das negative Kapitalkonto besagt nicht, dass in derselben Höhe oder überhaupt Verbindlichkeiten des Kontoinhabers bestehen, und zwar weder den Gläubigern der Kommanditgesellschaft (KG) noch den anderen Gesellschaftern gegenüber. Es spiegelt sich darin vielmehr nur das Geschäftsergebnis der KG als Ganzes wider. Das negative Kapitalkonto, das einkommensteuerrechtlich anerkannt wird, verpflichtet zwar in der Weise, dass künftige Gewinnanteile zunächst zur Abdeckung des Verlustsaldos zu verwenden sind; diese Verpflichtung begründet jedoch keine Verbindlichkeit im Sinne der Zugewinnregelungen, da ein Kommanditist für ein negatives Kapitalkonto ausschließlich mit künftigem Vermögen »haftet«. Das negative Kapitalkonto mindert also lediglich den künftigen Vermögenszuwachs, stellt jedoch keine irgendwie geartete Belastung des gegenwärtigen Vermögens dar.

→ Antiquitäten
Ja. Wenn sie ausschließlich zur Kapitalanlage angeschafft worden sind.

berechnung des zugewinns

Anfangsvermögen Stichtag Heirat 1.5.1990

Ehefrau			Ehemann		
Depot	Euro	50 000	Bank	Euro	30 000
Eigentumswohnung	Euro	150 000	Auto	Euro	10 000
Insgesamt	Euro	200 000	Insgesamt	Euro	40 000

Das Anfangsvermögen wird hochgerechnet anhand des Statistischen Jahrbuchs für die BRD nach der Formel: Wert des Anfangsvermögens zu Beginn des Güterstandes x Lebenshaltungsindex zur Zeit der Beendigung des Güterstandes geteilt durch Lebenshaltungsindex zu Beginn des Güterstandes.

Danach ergibt sich:

Für die Ehefrau

200 000 x 106,3 (Index Ende Güterstand 7.3.2000 gesamtdeutsch)

85,8 (Index bei Eheschließung früheres Bundesgebiet 1990)

= 247 800 Anfangsvermögen (gerundet)

Für den Ehemann

40 000 x 106,3 (Index Ende Güterstand 7.3.2000 gesamtdeutsch)

85,8 (Index bei Eheschließung früheres Bundesgebiet 1990)

= 49 600 Anfangsvermögen (gerundet)

Endvermögen Stichtag Zustellung Scheidungsantrag 7.3.2000

Eigentumswohnung	Euro	200 000	Bank	Euro	50 000
Depot	Euro	2 000	Auto	Euro	2 000
Auto	Euro	15 000			
Insgesamt	Euro	217 000	Insgesamt	Euro	52 000

Ein Sachverständiger stellt fest, dass der Verkehrswert der Eigentumswohnung per 7.3.2000 bei 200 000 Euro liegt. Das Depot wird mit dem aktuellen Wert eingesetzt, das Auto mit dem Zeitwert. Nun wird die Differenz der beiden Zugewinne errechnet.

Im vorliegenden Fall beträgt die Differenz der beiden Zugewinne 3 000 Euro. Die Hälfte davon, also 1 500 Euro, stehen der Ehefrau zu, sodass im Ergebnis dann beide einen gleich hohen Zugewinn haben.

	Ehefrau	Ehemann
Endvermögen	217 000	52 000
abzüglich Anfangsvermögen	247 800	49 600
Zugewinn	0	3 000

→ **Bankkonten**
Ja. Ist ein Ehegatte alleiniger Kontoinhaber, steht ihm in der Regel das Guthaben auch allein zu und vermehrt sein Endvermögen. Hat der andere Ehegatte Einzahlungen auf dieses Konto gemacht, werden diese als »ehebezogene Zuwendungen« behandelt, es sein denn, es handelte sich um Beiträge zur Wirtschaftsführung der Ehegatten. Handelt es sich um ein Oder-Konto (ein Gemeinschaftskonto), steht den Ehegatten das Guthaben hälftig zu.

→ **Dauerschuldverhältnisse**
Ja. Bei Forderungen auf künftig fällig werdende wiederkehrende Leistungen, die das spätere Einkommen sichern sollen, sind nur die bereits am Stichtag fälligen Ansprüche mit ihrem Nennwert beim Zugewinnausgleich anzusetzen, beispielsweise Abfindung für Witwenrente.

→ **Direktversicherung**
Ja. Die unverfallbare Anwartschaft aus einer als Direktversicherung zur betrieblichen Altersversorgung abgeschlossenen Kapitallebensversicherung ist auch dann bei der Berechnung des Zugewinns der versicherten Ehegatten zu berücksichtigen, wenn dessen Bezugsrecht widerruflich ist.

→ **Einkommensteuer-Rückerstattungen**
Ja. Forderungen auf Rückerstattung von Einkommensteuer entstehen mit dem Ablauf des Kalenderjahres. Von diesem Zeitpunkt an fallen sie ins Endvermögen.

→ **Erbschaften**
Nein + Ja. Ererbtes Vermögen gehört dem Ehegatten, der es geerbt hat, allein. Erbschaften werden deshalb dem Anfangsvermögen zugerechnet, erhöhen es also. Aber der reale Wertzuwachs der Erbschaft vom Erbanfall bis zum Ende der Zugewinngemeinschaft fließt in die Berechnung für den Zugewinnausgleich.

→ **Erbvertrag**
Nein. Die Anwartschaft aus einem Erbvertrag bildet noch keinen objektivierbaren Wert.

→ **Geschenke**
Ja + Nein. Geschenke des anderen Ehegatten, deren Größe den Wert von Gelegenheitsgeschenken übersteigt, sind auf die Zugewinnausgleichsforderung des Beschenkten anzurechnen. Aber: Geschenke von Dritten erhöhen das Anfangsvermögen des Beschenkten.

→ **Handlungen in Benachteiligungsabsicht/ Verschwendungen**
Ja. Vermögenswerte, die ein Ehegatte innerhalb der letzten zehn Jahre ohne Einverständnis seines Ehepartners weggegeben hat, um ihn zu benachteiligen, werden dem Endvermögen zugerechnet, auch wenn sie nicht mehr vorhanden sind. Das gleiche gilt für Geld, das innerhalb der letzten 10 Jahre verschwendet wurde.

→ **Kunstgegenstände**
Ja, wenn sie ausschließlich zur Kapitalanlage angeschafft worden sind.

→ **Leasingvertrag**
Ja. Anspüche aus Leasingverträgen können einen geldwerten Vorteil beinhalten, etwa beim PKW-Leasing.

→ **Lebensversicherung**
Ja. Anwartschaften aus Kapitallebensversicherungen und Kapitalversicherungen mit Rentenwahlrecht.

→ **Lebensversicherungssumme**
Nein, wenn es sich um eine Lebensversicherungssumme handelt, die ein Ehegatte als Bezugsberechtigter aus der Versicherung eines ihm nahestehenden verstorbenen

Dritten erhält. Sie wird dem Anfangsvermögen zugerechnet.

→ **Lotteriegewinn**
Ja.

→ **PKW/Wohnmobil**
Ja, wenn der Wagen Alleineigentum eines Ehegatten ist. Ausnahmsweise Hausrat, wenn er von den Ehegatten gemeinschaftlich zum Zwecke der Haushaltsführung benutzt wird.

→ **Schenkungen Dritter**
Nein. Generell wird der Vermögenserwerb durch Schenkung von Dritten ausgeklammert.

→ **Schenkungen, die beeinträchtigen**
Ja. Vermögenswerte, die ein Ehegatte ohne Einwilligung seines Ehepartners innerhalb der letzten zehn Jahre verschenkt hat, um seinen Ehepartner zu benachteiligen, werden dem Endvermögen zugerechnet, auch wenn sie nicht mehr vorhanden sind.

→ **Schmerzensgeld**
Ja.

→ **Steuerschulden**
Ja. Vor dem Stichtag entstandene Steuerschulden sind unabhängig von ihrer Fälligkeit absetzbar.

→ **Steuervorauszahlungen**
Nein. Steuervorauszahlungen mindern das Endvermögen nicht, da sie erst zukünftiges Einkommen betreffen.

→ **Unterhaltsrückstände**
Ja, wenn durch Urteil die Höhe festgestellt ist. Gilt dann als Verbindlichkeit, die beim Endvermögen abgezogen wird.

→ **Verbindlichkeiten**
Ja. In vollem Umfang vom Endvermögen des Zahlenden abzusetzen, wenn davon auszugehen ist, dass ein Ehegatte zur Tilgung der ge-

Wertpapiere werden in der Regel in die Zugewinnberechnung aufgenommen.

samtschuldnerisch eingegangenen Verbindlichkeiten dauerhaft nicht in der Lage ist und dass deshalb der andere Ehegatte die volle Tilgungslast auf Dauer allein tragen müsste.

→ **Voreheliche Leistungen**
Nein. Hat etwa der Ehemann seiner zukünftigen Ehefrau vor der Ehe einen Geldbetrag für den nach Eheschließung erfolgten Kauf eines Hausgrundstückes überlassen, führt die Zuwendung nicht zu einer Erhöhung des Anfangsvermögens der Ehefrau, wenn dem Ehemann ein entsprechender Ausgleichsanspruch zusteht.

→ **Wertpapiere**
Ja. Werden die Wertpapiere in einem Gemeinschaftsdepot verwahrt, spricht dies für hälftiges Miteigentum der Ehegatten. Wird ein Einzeldepot, das einem Ehegatten allein gehört, später in ein Gemeinschaftsdepot umgewan-

delt, heißt das nicht automatisch, dass der Ehegatte damit Miteigentümer geworden ist. Neu erworbene und in ein Oder-Depot gegebene Wertpapiere fallen jedenfalls regelmäßig in das Alleineigentum des Anschaffenden. Wenn etwas anderes gewollt ist, zum Beispiel eine ehebedingte Zuwendung, sollte eine entsprechende Vereinbarung getroffen werden.

→ **Witwenrentenabfindung**
Ja.

→ **Zuwendungen des Ehegatten**
Ja, wenn ein Ehegatte dem andern etwas zuwendet unter der Vorstellung, dass die Ehe Bestand haben wird. Ebenfalls ja, wenn etwa der selbstständig tätige Ehemann sein Grundvermögen seiner nicht für die Betriebsschulden haftenden Ehefrau überträgt, um den Unternehmensgläubigern den Zugriff auf das Vermögen zu erschweren und dieses für die Familie zu erhalten.

→ **Zuwendungen der Schwiegereltern**
Ja (→ S. 98).

→ **Zuwendungen, unentgeltlich**
Ja. Hat ein Ehegatte ohne Einverständnis seines Ehepartners innerhalb der letzten zehn Jahre unentgeltliche Zuwendungen gegenüber Dritten ohne sittliche Verpflichtung oder Anstandsrücksicht gemacht, wird der Betrag dem Endvermögen zugerechnet, auch wenn er nicht mehr vorhanden ist.

Zuwendungen während der Ehe

Ehegatten schenken sich etwas. Auch Eltern und Schwiegereltern steuern der jungen Ehe etwas bei. Der Erwerb oder Aufbau eines Familieneigenheimes anstelle der Mietwohnung und die im Zusammenhang damit erbrachten beiderseitigen Aufwendungen stellen im Verhältnis der Eheleute zueinander eine Zuwendung dar, die der ehelichen Lebensgemeinschaft dient. Deshalb wird auch von den beteiligten Ehegatten das hälftige Miteigentum am Familienheim unabhängig vom gewählten Güterstand, von der Art seines Erwerbs und der Herkunft der Mittel als »normale« ehegerechte Vermögenszuordnung angesehen.
Entsprechend wird bei einem Haus- oder Wohnungskauf je eine Hälfte als Miteigentum für die Ehegatten übertragen und in das Grundbuch eingetragen. Jetzt steht die Scheidung an und damit die Frage, ob das Geschenkte zurückverlangt werden kann.

Geschenkt ist geschenkt – oder?

Bei der Beurteilung kommt es darauf an, ob es sich um ein Gelegenheitsgeschenk, eine Schenkung oder eine ehebedingte Zuwendung handelt.

→ Ein Gelegenheitsgeschenk ist beispielsweise ein Weihnachtsgeschenk oder ein Geschenk zum Hochzeitstag. Sie bleiben im Rahmen des Zugewinnausgleichs unberücksichtigt.

→ Großzügig wie Sie sind, schenken Sie Ihrem Ehemann ein Auto. Hierbei handelt es sich nicht um ein Gelegenheitsgeschenk sondern um eine Schenkung unter Ehegatten. Haben Sie keine vertragliche Vereinbarung getroffen, aus der sich eindeutig ergibt, dass der Wert der Schenkung das Anfangsvermögen Ihres Ehemannes um diesen Betrag erhöhen soll, fällt das Auto mit seinem Zeitwert in das Endvermögen

Geschenke zu Weihnachten oder zum Hochzeitstag gelten nicht als Zugewinn.

Ihres Ehemannes. Die Folge: Über den Zugewinnausgleich fließt ein Teil an Sie zurück.

→ Häufig werden unter Ehegatten Vermögenswerte übertragen, für die keine besondere Gegenleistung zu entrichten ist. Diese Zuwendungen sind dadurch gekennzeichnet, dass sie nicht unter die typischen schuldrechtlichen Verträge wie Schenkung, Auftrag, Darlehen oder Gesellschaft fallen. Hat die Zuwendung den Charakter, dass sie der Ausgestaltung der ehelichen Lebensgemeinschaft dient und liegt ihr die Vorstellung und Erwartung zugrunde, dass die eheliche Lebensgemeinschaft Bestand haben wird, so handelt es sich um eine sogenannte ehebedingte Zuwendung. Ihr fehlt das für eine Schenkung wesentliche Merkmal der Unentgeltlichkeit. Der Bundesgerichtshof hat klargestellt, dass ehebedingte Zuwendungen beim Zugewinnausgleich zu berücksichtigen sind. Sie werden dem Endvermögen zugerechnet und erhöhen den Zugewinn.

Rückforderung von Zuwendungen bei Scheidung

Im Normalfall werden Schenkungen zwischen Ehegatten und ehebedingte Zuwendungen über das Güterrecht, also den Zugewinnausgleich, »rückabgewickelt«, wenn es zur Scheidung kommt. Das heißt, der Wert des geschenkten Gegenstandes wird im Endvermögen des Beschenkten berücksichtigt. Bei der Berechnung des Zugewinns ergibt sich dann zumeist eine Teilung.

Wird über den Zugewinnausgleich keine akzeptable »Rückerstattung« erreicht, kommt ausnahmsweise eine Rückabwicklung von Schenkungen unter Ehegatten sowie von ehebedingten Zuwendungen nach den Regeln über den Wegfall der Geschäftsgrundlage in Betracht. Die Anwendung dieser Regeln schafft einen Ausgleichsanspruch unter Billigkeitsgesichtspunkten.

Voraussetzung hierfür ist zum Beispiel:

→ Es erscheint »ungerecht«, dass der beschenkte Ehegatte das geschenkte Vermögensgut entschädigungslos behalten darf.

→ Die Ehe ist nur von kurzer Dauer.

→ Der schenkende Ehegatte hat jetzt weniger als der Beschenkte.

→ Der schenkende Ehegatte hat nur ein geringes Einkommen.

Ein Beispiel: Der Mann ist Alleineigentümer eines Grundstücks. Er hat dieses wegen seiner Geschäftsgläubiger auf seine Ehefrau übertra-

tipp

Bei der Beurteilung kommt es auf die Umstände des Einzelfalles an. Sind Sie sich nicht sicher, sollten Sie unbedingt Rechtsrat einholen.

gen. Für die Geschäftsschulden haftet sie nicht mit. Der Mann wollte nur sicherstellen, dass das Grundstück auf diese Weise der Familie erhalten bleibt. Jetzt lassen sich die beiden scheiden und der Mann verlangt das Grundstück zurück.

Wie bei einer Scheidung die Rückabwicklung erfolgt, hängt zunächst davon ab, in welchem Güterstand die Eheleute leben.

Haben die Ehepartner Gütertrennung vereinbart, bekommt der Mann keinen Ausgleich, weil es bei Gütertrennung keinen Zugewinnausgleich gibt. Leben die Ehepartner im Güterstand der Zugewinngemeinschaft, bekommt er über den Zugewinnausgleich die Hälfte seines Grundstücks zurück.

Wichtig: Unter Billigkeitsgesichtspunkten kann es zu einer anderen Verteilung kommen. So kann es im beschriebenen Fall als ungerecht erscheinen, dass die Frau alles und der Mann nichts bekommt.

Zuwendung von Dritten

Gerade Schwiegereltern erklären sich oft bereit, den Bau eines Eigenheimes mitzufinanzieren und beteiligen sich an den Baukosten. Wenn die Ehe in die Brüche geht, kommt es nicht selten vor, dass sie ihr Geld zurückverlangen.

Geldleistungen der Eltern stellen Schenkungen dar, und führen damit zu einer Erhöhung des Anfangsvermögens. Soweit die Eltern das Geld beispielsweise ihrer Tochter zugewendet haben, erhöht sich deren Anfangsvermögen um diesen Betrag. Die Schenkung kommt allein der Tochter zugute. Sie fällt nicht in den Zugewinn.

Aber: Soweit die Beteiligung an den Baukosten auch eine Schenkung an den Schwiegersohn sein sollte, geht man in der Rechtsprechung davon aus, dass die Schwiegereltern die Schenkung nur unter dem stillschweigenden Fortbestand der Ehe der Kinder gemacht haben. Deshalb können die Schwiegereltern Rückforderungsansprüche an ihren Schwiegersohn stellen. Ob er in voller Höhe zuerkannt wird, bleibt dem Einzelfall vorbehalten, da Billigkeitsgesichtspunkte und die konkreten Umstände eine Rolle spielen. Im Zweifel gehen die Gerichte davon aus, dass der Zufluss für Kind und Schwiegerkind sein sollte.

Wer für die Schulden aufkommt

Scheitert eine Ehe, wird ein Kassensturz gemacht und nicht nur das Vermögen verteilt. Auch die Auseinandersetzung um bestehende Schulden, die zum Beispiel zum Kauf einer Wohnung gemacht wurden, steht an.

Kredite – Ausgleich gemeinsamer Schulden

Abgesehen von der Ausnahme der Schlüsselgewalt (→ Kapitel »Wie Sie Geld und Vermögen sichern », S. 35), haften Sie für Schulden nur, wenn Sie etwas unterschrieben haben.

In der Regel unterschreiben Ehegatten die Kreditanträge etwa für die Finanzierung des Eigenheims gemeinsam. Und werden dadurch Gesamtschuldner.
Solange die Ehe gut läuft, stellt sich die Frage nach einem Ausgleich nicht. Scheitert die Ehe, lautet die zentrale Frage, ob jetzt nicht der Zeitpunkt gekommen ist, für jahrelang mitgetragene Darlehensraten Ausgleich zu verlangen. Beim Gesamtschuldnerausgleich zwischen Ehegatten geht es um die interne Lastenverteilung bei gemeinsam eingegangenen Schulden. Ob und in welcher Höhe und ab wann ein Ausgleich stattfindet, hängt davon ab, was die Eheleute intern vereinbart haben. Haben Sie nichts festgelegt, gilt das Gesetz: »Gesamtschuldner haften zu gleichen Anteilen, soweit nichts anderes bestimmt ist.« Das heißt, jeder Ehegatte hat die Hälfte der Schulden zu zahlen. Sind beide Ehegatten berufstätig, mag das eine vernünftige Lösung sein. In vielen Fällen verdient jedoch ein Ehepartner nichts oder nur sehr wenig. In einem solchen Fall kann sich eine »anderweitige Bestimmung« ergeben. Folgende Möglichkeiten gibt es:

→ Die Eheleute haben eine Vereinbarung getroffen, aus der sich eine Aufteilung der Zahlungsverpflichtung ergibt. Eine solche Vereinbarung muss nicht unbedingt schriftlich fixiert sein. Eine stillschweigende Abrede kann ebenso maßgeblich sein, die etwa dadurch zustande kommt, dass die Eheleute die Darlehensrückführung über längere Zeit hinweg in bestimmter Weise einverständlich handhaben.

→ Es liegen besondere Lebensumstände vor: Eine »anderweitige Bestimmung« durch die konkrete Gestaltung der ehelichen Verhältnisse sieht der Bundesgerichtshof etwa in den Fällen, in denen der erwerbstätige Ehegatte das gemeinsame Familienheim allein finanziert, während der andere nicht berufstätig ist, die beiden also eine sogenannte »Hausfrauenehe« führen. Die Folge: Der Alleinverdiener zahlt die Darlehensraten allein, das Haus gehört aber beiden Ehegatten. Die Gerichte gehen davon aus, dass die finanziellen Leistungen des einen und die Haushaltsführung des andern Ehegatten gleichwertige Beiträge zur ehelichen Lebensgemeinschaft sind. Ein Ausgleichsanspruch wegen finanzieller Mehrleistungen des einen Teils kommt dann grundsätzlich nicht in Betracht.

→ In einer Doppelverdienerehe kann es gerechtfertigt sein, dass die Ehegatten die Darlehensraten im Verhältnis ihrer Einkommen verteilen.

Gesamtschulden und Unterhalt

Bestehen Unterhaltsansprüche, wird die Schuldentragung meist bereits bei der Unterhaltsberechnung einkommensmindernd berücksichtigt, indem die Kreditraten vom Einkommen als einkommensmindernd abgezogen werden. Wenn die Ehegatten so vorgehen, liegt darin im Zweifel eine »anderweitige Bestimmung« (siehe oben), Ausgleichsansprüche sind also ausgeschlossen.

Gesamtschulden und Zugewinnausgleich

Ein Fall, der häufig vorkommt: In der Ehe werden für Auto, Eigenheim und vieles mehr Schulden gemacht, auf der anderen Seite wird

ausgleich gemeinsamer schulden

- Ausgleichsansprüche für Zahlungen, die ein Ehegatte während des Zusammenlebens erbracht hat, bestehen in aller Regel nicht. Hier ist von einer stillschweigend geschlossenen Vereinbarung (genannt: anderweitige Bestimmung) auszugehen. Die Ratenzahlung ist also sein Beitrag zur ehelichen Lebensgemeinschaft.
- Diese Interpretation der »anderweitigen Bestimmung« entfällt mit dem Scheitern der Ehe, denn dadurch ist der Anlass für die frühere Handhabung weggefallen. Es besteht kein Grund mehr für einen Ehegatten, dem anderen eine Vermögensmehrung zukommen zu lassen. Deshalb gilt dann wieder die Regel, dass gemeinsame Schulden je zur Hälfte geteilt werden. Ein Ausgleichsanspruch ergibt sich nur in Höhe der Beträge, die über dem hälftigen Anteil liegen. Auch hier ist zu prüfen, ob die Parteien eine Regelung für den Fall von Trennung und Scheidung getroffen haben.
- Wichtig ist in diesem Zusammenhang, ob ein Kredit nur im Interesse eines Ehegatten aufgenommen wurde, zum Beispiel für dessen Geschäftsbetrieb. In einem solchen Fall liegt es nahe, dass der allein begünstigte Ehegatte die Verbindlichkeiten auch allein abträgt.
- Stammen Schulden aus dem Erwerb von Hausrat, kann das Familiengericht im Zusammenhang mit dem Scheidungsverfahren den Verteilungsmaßstab der Schulden im Innenverhältnis festlegen und insbesondere einen Freistellungsanspruch begründen. Auf diese Weise wird ein Ehepartner von den Schulden entlastet. Zahlt der andere Ehepartner nicht und die Gläubiger bitten den freigestellten Ehepartner zur Kasse, kann er sich das Geld vom Ehepartner zurückholen. Eine Klage wird aber wohl unvermeidlich sein.

aber auch Vermögen angespart. Wie geht man damit um?
Mit Beendigung der Ehe wird der Zugewinnausgleich durchgeführt (→ S. 90). Hierbei spielen Schulden, die einen oder beide Ehegatten betreffen, eine große Rolle. Denn im Regelfall belasten die gemeinsamen Verbindlichkeiten das Endvermögen beider Ehegatten in Höhe der Beteiligungsquote im Innenverhältnis. Auch hier spielt die Vereinbarung der Ehegatten eine große Rolle, denn sie gestaltet die Quote, mit der die Ehegatten sich an den Schulden beteiligen – wohlgemerkt: untereinander. Nach außen haften beide Ehegatten gemeinsam, das heißt, ein Gläubiger kann sich an jeden der Ehegatten wenden und Bezahlung der Schulden verlangen.
Bei der Beurteilung, ob ein Zugewinn entstanden ist, spielt das Innenverhältnis eine ent-

scheidende Rolle. Ist ein Ehegatte beispielsweise nicht in der Lage, den auf ihn entfallenden Teilbetrag der Gesamtschuld abzutragen – typischer Fall der Hausfrauenehe –, kann der andere Ehegatte die Gesamtschuld in vollem Umfang in seinem Endvermögen berücksichtigen. **Wichtig**: Erfolgt die Feststellung des Endvermögens auf diese Weise, wird davon ausgegangen, dass der Ehegatte auch in Zukunft die Gesamtverbindlichkeit allein abträgt. Will sich der Ehegatte aber den Gesamtschuldnerausgleich offenhalten, muss er dies grundsätzlich bei Durchführung des Zugewinnausgleichs angeben. Tut er das nicht, kann er sich später nicht darauf berufen.

Sind beim Zugewinnausgleich gemeinsame Schulden jeweils zur Hälfte im Endvermögen beider Ehegatten berücksichtigt worden und zahlt ein Ehegatte dennoch die Darlehensraten allein, hat er grundsätzlich einen Ausgleichsanspruch gegen den nicht zahlenden Ehegatten.

Streitigkeiten um Bankkonten

Häufig haben Ehepartner ein gemeinsames Konto, auf das beide Gehälter überwiesen werden und von dem die Kosten abgebucht werden. Ist das Konto bei Beendigung der Ehe total überzogen, gibt es Streit, wer den Minussaldo ausgleichen soll.

Auch bei dieser Frage ist die Vereinbarung wichtig, die die Ehegatten getroffen haben. Der Betrag, den ein Ehegatte über die festgelegte Quote hinaus gezahlt hat, kann sofort zurückverlangt werden oder auch später – das ist eine Frage der Vereinbarung.

Haben Sie keine Vereinbarung getroffen, haften Sie bei einem gemeinsamen Konto gegen-

Bestand ein gemeinsames Konto, haften die Partner gegenüber der Bank auch gemeinsam.

über der Bank auch gemeinsam. Bei der internen Verteilung sollten Sie klären, wofür das Geld ausgegeben wurde und wer den Nutzen davon hatte. Das teure Hobby des Ehepartners müssen Sie nicht finanzieren.

Haftung für den geschiedenen Ehegatten

Nehmen wir einmal an, in der Ehe wurde gemeinsam eine Eigentumswohnung gekauft, für deren Finanzierung Sie einen Kredit aufgenommen haben. Ihr Partner wiederum hat dafür bei der Bank die Bürgschaft übernommen. Bei der Scheidung einigen sie sich darauf, dass Sie die Wohnung zur Nutzung erhalten und die Zahlung der Kreditraten übernehmen. Nach Jahren tritt die Bank an Ihren Partner heran und fordert ihn zur Zahlung der ausstehenden Raten auf. Muss er sie zahlen?

tipp

Haftungsentlassung

Regeln Sie die Schuldenübernahme mit Ihrem Ehepartner, bevor Sie ihm die Wohnung überlassen. Am besten schriftlich. Sprechen Sie auch mit der Bank und verlangen Sie eine Entlassung aus der Bürgschaftsverpflichtung.

Die Scheidung ändert an der abgegebenen Bürgschaft nichts. Der Partner kann auch nicht einwenden, dass es aufgrund der Scheidung zu einem Wegfall der Geschäftsgrundlage gekommen sei. Für die Bank zählt allein die Unterschrift unter dem Bürgschaftsvertrag. Der Ehegatte kann also von der Bank in Anspruch genommen werden, auch wenn die Ehe bereits geschieden ist und er mit der Wohnung nichts mehr zu tun hat.
Eine andere Frage ist es, ob eine Inanspruchnahme aus der Bürgschaft nicht gerechtfertigt ist, weil der Bürgschaftsvertrag als sittenwidrig angesehen werden kann. Das hat mit der Scheidung direkt aber nichts zu tun. In jedem Fall sollten Sie Rechtsrat einholen.

Endgültige Regelungen zur Ehewohnung

Die endgültige Regelung darüber, was mit der Ehewohnung geschehen soll, erfolgt im Zusammenhang mit der Scheidung und richtet sich nach der Hausratsverordnung. Konnten Sie und Ihr Ehepartner sich bis zur Scheidung nicht einigen, entscheidet auf Antrag das Familiengericht nach billigem Ermessen, das heißt der Familienrichter beurteilt die besonderen Umstände Ihrer familiären Situation nach eigenem Gutdünken. Maßstab ist dabei das schutzwürdige Interesse der Parteien und der Kinder am Verbleib in der Wohnung. Eine Rolle dabei spielen zum Beispiel das Alter der Ehegatten und der Kinder, die Arbeitsplatznähe, ob eventuell Eigenleistungen beim Hausbau erbracht wurden, ob ein Fehlverhalten eines Ehepartners vorliegt, ob ein Umzug unmöglich ist, wie die wirtschaftliche Situation der Beteiligten ist (→ Kapitel »Wer in der Ehewohnung bleibt und wer auszieht«, S. 16).

Mietwohnung

Bei einer Mietwohnung kann das Gericht auch dem Ehepartner, der nicht Mieter der Wohnung ist, das alleinige Nutzungsrecht übertragen und den Vermieter verpflichten, mit diesem Ehepartner einen Mietvertrag zu den bisherigen Konditionen abzuschließen. In die bestehenden mietvertraglichen Regelungen greift das Gericht mit Ausnahme des Mieterwechsels nicht ein.
Auf das Einverständnis des Vermieters kommt es im Rahmen des Scheidungsverfahrens nicht an. Dies könnte ausnahmsweise nur dann beachtlich sein, wenn der Vermieter mit großer Wahrscheinlichkeit einen Räumungsprozess gegen den betreffenden Ehepartner erfolgreich betreiben könnte, etwa weil dieser seit Monaten keine Miete bezahlt hat. Zur Absicherung des Vermieters kann das Gericht die Mithaftung des ausziehenden Ehegatten anordnen, zum Beispiel in Form einer Kaution.

Eigentumswohnung oder Haus

Ist ein Ehegatte Alleineigentümer der Ehewohnung, wird sie ihm grundsätzlich auch zugewiesen. Das Gericht ist nicht ermächtigt, Eigentum zu übertragen. Es kann aber auch über die Trennungszeit hinaus und für die Zeit nach der Scheidung dem Nichteigentümer-Ehegatten die Eigentumswohnung oder das Haus zur alleinigen Nutzung zuweisen, um eine unbillige Härte zu vermeiden. Eine unbillige Härte liegt nur vor, wenn die Zuweisung an den Eigentümer-Ehegatten für den Nichteigentümer-Ehegatten eine ungewöhnlich schwere Beeinträchtigung bedeutet; vor allem, wenn Kinder beeinträchtigt werden. Die Zuweisung kann auch zeitbedingt erfolgen, etwa wenn der Schulabschluss kurz bevor steht. Bleibt der Nichteigentümer im Haus oder der Eigentumswohnung, kann das Gericht zwischen den Ehegatten ein Mietverhältnis begründen.

Dienst- und Werkswohnungen

Eine Dienst- oder Werkswohnung soll grundsätzlich dem Ehegatten verbleiben, mit dem das Dienst- oder Arbeitsverhältnis besteht. Eine Zuweisung an den anderen Ehepartner ist möglich, wenn der Arbeitgeber zustimmt.

Ausgleichszahlung, Nutzungsentgelt

Das Gesetz stellt klar: Ist ein Ehegatte verpflichtet, dem anderen die Ehewohnung oder einen Teil davon zur Nutzung zu überlassen, kann er eine Vergütung dafür verlangen, soweit dies der Billigkeit entspricht. Ob das der Fall ist, hängt von der Leistungsfähigkeit des verbleibenden Ehegattens ab.

gründe für zuweisung

- ✔ Das Nutzungsinteresse muss besonders gewichtig, das des Eigentümers besonders gering sein.
- ✔ Der betreuende Nichteigentümer-Elternteil kann nachweisen, dass es unmöglich ist, für sich und die Kinder eine neue Wohnung zu finden.
- ✔ Die neue Wohnung ist so eng, dass der betreuende Elternteil im Wohnzimmer der Ersatzwohnung schlafen müsste.
- ✔ Die in der Wohnung ausgeübte Praxis kann nicht an einen anderen Ort verlegt werden.

Im Falle der Zuweisung der Ehewohnung an den Nichteigentümer kann das Familiengericht zugunsten des Eigentümers einen Mietzins festsetzen. Gehören Eigentumswohnung oder Haus beiden Eheleuten, orientiert sich die Höhe der Nutzungsentschädigung am halben Mietwert, wobei Nebenkosten abgezogen werden können. Wenn aber die wirtschaftlichen Verhältnisse schlecht sind und die Alleinnutzung praktisch »aufgedrängt« wurde, weil ein Ehepartner einfach ausgezogen ist, kann es gerechtfertigt sein, dass keine Nutzungsentschädigung gezahlt wird – zumindest nicht bis zum Ablauf des Trennungsjahres.

Wichtig: Versorgt ein Ehepartner die Kinder und ist nicht berufstätig, kann also weder Nutzungsentschädigung noch Miete zahlen, wird

die enge Verknüpfung mit Unterhaltsansprüchen deutlich: Wenn die mietfreie Wohnungsnutzung bereits bei der Unterhaltsbemessung berücksichtigt wurde, kann der Ehegatte, der ausgezogen ist, keine Nutzungsentschädigung mehr verlangen. Findet eine Verrechnung mit Unterhaltsansprüchen nicht statt, muss eine Nutzungsentschädigung in der Regel gezahlt werden.
Eine Nutzungsentschädigung kann erst ab dem Zeitpunkt verlangt werden, zu dem sie geltend gemacht wurde. Der Ehepartner sollte schriftlich zur Zahlung aufgefordert werden.

Versorgungsausgleich und Vorsorge für das Alter

Der Versorgungsausgleich ist der Ausgleich der während der Ehe von den Ehegatten erworbenen Rentenanwartschaften. Der Versorgungsausgleich erfolgt von Gesetzes wegen, das heißt die Feststellung und Bewertung und die Ermittlung des Wertunterschiedes der Versorgungsanrechte erfolgt durch das Familiengericht. Ein Muss, dem nur durch genehmigungspflichtige Vereinbarungen durch die Ehegatten ausgewichen werden kann. Ausnahme: Sie haben in einem Ehevertrag, der mindestens ein Jahr besteht, auf den Ausgleich des Versorgungsausgleichs verzichtet. Meist wird das langwierige Verfahren von den Parteien als nervig erlebt und sie würden am liebsten auf alles verzichten, nur um die lästigen Anträge wegen »ein paar Mark« nicht ausfüllen zu müssen. Geben Sie diesem Impuls nicht nach! Der Rentenausgleich verschafft Ihnen unter Umständen einen wenn auch kleinen, aber sicheren und eigenständigen Anspruch auf Zahlung einer Alters- oder Invaliditätsrente. Eine Ausnahme gibt es beim schuldrechtlichen Versorgungsausgleich (→ S. 107).

rente

Dafür gibt es Versorgungsausgleich:

- ✔ Rentenanwartschaften aus der gesetzlichen Rentenversicherung
- ✔ Beamten- und beamtenähnliche Versorgung
- ✔ Betriebliche Altersversorgung
- ✔ Berufsständische Versorgung
- ✔ Private Rentenversicherungen
- ✔ Ausländische oder internationale Versorgungsanrechte

Das Verfahren

Nach Einreichung des Scheidungsantrages schickt Ihnen das Familiengericht Vordrucke zu, in denen Sie Angaben über Ihre Person, Ihre Ausbildung und vieles andere mehr machen müssen. Diesen Antrag reichen Sie über Ihren Anwalt dem Familiengericht ein, das eine Weiterleitung an den für Sie zuständigen Versicherungsträger vornimmt, zum Beispiel die Bundesversicherungsanstalt für Angestellte (BfA). Sie erhalten von dort gegebenenfalls weitere Vordrucke, um etwa eine eventuelle betriebliche Altersvorsorge zu erfassen und zu

klären. Für Ihren Ehepartner gilt das gleiche. Auch Ihr Arbeitgeber muss einen Vordruck ausfüllen. Ihre ausgefertigten Vordrucke erhält in Kopie auch Ihr Ehepartner, so dass Sie wechselseitig überprüfen können, ob alle Anwartschaften erfasst worden sind.
Stichtag für die Berechnungen ist das Ende des Vormonats, in dem der Scheidungsantrag zugestellt wurde.
Wichtig: Wenn die Vordrucke nicht innerhalb der vom Gericht angegebenen vierwöchigen Frist ausgefüllt werden, beispielsweise um auf diese Weise das Verfahren zu verzögern, können Sie über Ihren Anwalt mit Hilfe eines Antrags auf Festsetzung eines Zwangsgeldes gegen Ihren Ehepartner die Auskunft beschleunigen.

Wie der Ausgleich erfolgt

Sämtliche von beiden Parteien erworbenen Anwartschaften etwa aus der Bundesversicherungsanstalt für Angestellte oder der Landesversicherungsanstalt, einer Lebensversicherung oder einer betrieblichen Altersvorsorge, werden ermittelt, bewertet, zusammengezählt und in einer Ausgleichsbilanz einander gegenübergestellt. Die Hälfte des Wertunterschiedes wird übertragen.
Um diese Gesamtrechnung aufstellen zu können, müssen die einzelnen Anwartschaften auf »einen Nenner« gebracht werden – das Familiengericht bewertet sie nach bestimmten Verfahren, um sie vergleichbar zu machen.
Wichtig: Bei Übertragung von Versorgungsanwartschaften auf den Ehepartner entstehen unter Umständen Versorgungslücken, die durch den Abschluss von Zusatzverträgen geschlossen werden können. Sie können aber auch »auffüllen«, indem Sie Nachzahlungen in Ihre bestehende Versorgung leisten. Erhält der Versorgungsträger (Ihre Versicherung) vom Familiengericht die Nachricht über die rechtskräftige Entscheidung des Versorgungsausgleichs, können Sie bis zu drei Monate lang zu günstigeren Konditionen Beiträge nachzahlen. Haben Sie eine Regelung ohne Entscheidung des Familiengerichts getroffen, müssen Sie Ihren Versorgungsträger über die Rechtskraft des Scheidungsurteils informieren, damit Sie auch in diesem Fall innerhalb von drei Monaten die erforderlichen Beiträge zu günstigeren Konditionen zahlen können.
Lassen Sie Ihren Steuerberater prüfen, ob sich dieses »Auffüllen« für Sie lohnt.

Abänderungsmöglichkeiten

Ist über den Versorgungsausgleich durch das Familiengericht entschieden und kommt es zu wesentlichen Änderungen der Verhältnisse, kann diese Entscheidung auf Ihren Antrag beim Familiengericht abgeändert werden.
Voraussetzungen für die Abänderbarkeit:

- → Es ergibt sich eine wesentliche Wertverschiebung (ca. 10%) bei der Ermittlung der auszugleichenden Anwartschaft.
- → Eine Betriebsrente ist inzwischen unverfallbar geworden und deshalb in den Wertausgleich einzubeziehen.
- → Ein zunächst nur durch Geldausgleich zu verrechnendes Rentenanrecht kann inzwischen durch direkte Aufteilung der Rente ausgeglichen werden.
- → Sie oder Ihr (geschiedener) Ehegatte sind inzwischen 55 Jahre alt oder es werden bereits Versorgungen gewährt.

Wann der Versorgungsausgleich ausgeschlossen ist

Ein Versorgungsausgleich findet im Fall der Scheidung grundsätzlich von Amts wegen statt. Hiervon gibt es Ausnahmen:

→ Die Ehegatten haben den Versorgungsausgleich durch Ehevertrag noch vor Einreichung der Scheidung ausgeschlossen.

Wer den Ausgleich der Altersvorsorge geregelt hat, hat den Kopf frei für andere Dinge.

→ Die Ehegatten schließen im Rahmen des Scheidungsverfahrens vor dem Familiengericht den Versorgungsausgleich aus.

→ Die Durchführung des Versorgungsausgleichs wäre grob unbillig.

Unabhängig von dem, was Ihr Ehepartner will, können Sie selbst dafür sorgen, dass ein Versorgungsausgleich nicht stattfindet oder herabgesetzt wird! Dafür müssen Sie beim Familiengericht einen Antrag auf Ausschluss oder Herabsetzung des Versorgungsausgleichs stellen. Sie müssen die Tatsachen vortragen, die Sie ungerecht finden und das Familiengericht entscheidet, ob das beanstandete Verhalten Ihres Ehepartners grob unbillig im Sinne des Gesetzes ist.

Grob unbillig bedeutet, dass Ihr Ehepartner sich Ihnen gegenüber so benommen hat, dass Sie es ungerecht finden würden, wenn Sie etwas von Ihrer Rente abgeben müssten.

Als Gründe könnten gelten:

→ Schwere personale Verfehlungen, beispielsweise Beteiligung an einem Mordversuch am Ausgleichspflichtigen, schwere Misshandlungen.

→ Schmälerung der eigenen Versorgung, etwa durch Aufgabe eigener Versorgungsanrechte. Das kann der Fall sein, wenn Ihr Ehepartner sich etwa kurz vor der Scheidung seine betriebliche Altersvorsorge auszahlen lässt.

→ Vernachlässigung der Unterhaltsverpflichtungen gegenüber der Familie. Etwa wenn ein Ehepartner sich längere Zeit nicht ausreichend um Einkommen bemüht hat und der andere dadurch unzumutbar belastet wird.

→ Fälle, in denen ein Ehepartner die Kinder betreut, berufstätig ist und damit überwie-

achtung

Aufpassen, wenn der Versorgungsausgleich nicht gleich bei der Scheidung geregelt werden kann und es deshalb zum schuldrechtlichen Versorgungsausgleich kommt!

- ✔ Die Einleitung des Verfahrens erfolgt nie von Amts wegen, sondern nur auf Antrag einer Partei. Dazu müssen Sie von einem Anwalt vertreten werden.
- ✔ Ein Anspruch auf schuldrechtlichen Versorgungsausgleich besteht erst, wenn entweder beide (geschiedenen) Ehegatten eine laufende Versorgung erlangt haben oder ein Ehegatte eine solche hat und der andere das 65. Lebensjahr vollendet hat oder nicht mehr erwerbsfähig ist.
- ✔ Der schuldrechtliche Versorgungsausgleich sichert keine eigenständige Versorgung. Der Anspruch erlischt sowohl bei Tod des/der Ausgleichsberechtigten als auch bei Tod des Ausgleichspflichtigen. Stirbt der Ausgleichspflichtige, kann unter Umständen aber ein gleich hoher Anspruch auf verlängerten schuldrechtlichen Versorgungsausgleich gegen den Träger der auszugleichenden Versorgung entstehen. Diesen Antrag können Sie stellen, sobald Sie selbst rentenberechtigt sind.
- ✔ Da zwischen Scheidung und dem Eintritt der Rentenberechtigung Jahre vergehen, müssen Sie diesen Antrag im Gedächtnis behalten!

gend die Familie unterstützt, während der andere studiert.

Vertragliche Vereinbarungen zum Versorgungsausgleich

In einem Ehevertrag können Sie und Ihr Ehegatte den Versorgungsausgleich ausschließen. Beachten Sie aber, dass der Ausschluss des Versorgungsausgleichs automatisch die Gütertrennung ab Vertragsschluss zur Folge hat. Wenn Sie das so wollen, müssen Sie darauf achten, dass der bis zu diesem Zeitpunkt eventuell angefallene Zugewinn durch eine entsprechende Vermögensübertragung ausgeglichen wird.

Schließen Sie den Versorgungsausgleich vertraglich aus, und reichen innerhalb eines Jahres den Scheidungsantrag ein, wird die Vereinbarung hinfällig, da der Gesetzgeber vorschreibt, dass eine solche Vereinbarung mindestens ein Jahr Bestand haben muss. Der Verzicht auf den Versorgungsausgleich ist durch das Familiengericht genehmigungspflichtig.

Eine solche Vereinbarung kann zum Beispiel vor dem Notar oder durch einen Vergleich vor dem Familiengericht geschlossen werden.

Steht ein Verzicht auf die Durchführung des Versorgungsausgleichs in unmittelbarem Zusammenhang mit der Ehescheidung, prüfen Sie bitte genau: Bekommen Sie als Ausgleichsberechtigter einen adäquaten Gegenwert für den Verzicht?
Das Familiengericht wird sich mit diesem Aspekt besonders gründlich befassen. Oberstes Gebot ist die Absicherung des berechtigten Ehepartners für den Fall des Alters oder der Berufs- oder Erwerbsunfähigkeit. Es soll auch vermieden werden, dass Manipulationen zu Lasten der Sozialversicherung vereinbart werden.

Wie die Scheidungsvereinbarung formuliert werden sollte, sagt Ihnen Ihr Anwalt.

Beispiele für eine wirksame Absicherung:
- → Übertragung von Grundbesitz oder grundstücksgleichen Rechten, wenn diese laufende Einnahmen abwerfen oder kostenfreies Wohnen ermöglichen.
- → Übereignung von Wertpapieren mit laufenden Erträgen aus Zinsen und Dividenden.
- → Übertragung von Unternehmensbeteiligungen, sofern eine laufende Einnahme gewährleistet ist.
- → Abschluss einer Lebensversicherung unter Einschluss einer Berufsunfähigkeitszusatzversicherung.
- → Abfindungsbeträge, mit denen sich der Verzichtende selbst eine Versorgung aufbauen kann.

Vereinbarungen über die Scheidungsfolgen

Sie können mit Ihrem Ehepartner Vereinbarungen über die Scheidungsfolgen treffen.
In Frage kommt ein Anwaltsvergleich, ein notarieller Vergleich, ein vor einer öffentlichen Stelle geschlossener Vergleich oder eine vor Gericht protokollierte Scheidungsvereinbarung (die sich von den Honoraren her stark unterscheiden). Was das Sinnvollste für Sie ist, besprechen Sie am besten mit Ihrem Anwalt.
In der Scheidungsvereinbarung sollten Sie möglichst alle in Frage kommenden Bereiche vollständig regeln:
- → Scheidungsmodalitäten
- → Güterrecht
- → Unterhalt für die Kinder
- → Nachehelichen Unterhalt für den Ehepartner

→ Sorgerecht und Umgangsrecht
→ Hausrat
→ Ehewohnung
→ Zugewinn und Versorgungsausgleich.

Wird ein Bereich bewusst ausgespart, sollte dies in der Vereinbarung erwähnt werden, damit nicht später Streit darüber entsteht, ob diesbezüglich keine Ansprüche mehr geltend gemacht werden können oder welche rechtlichen Folgen die Nichterwähnung hat. Wichtig: Überlegen Sie, ob Sie erbrechtliche Regelungen mit aufnehmen möchten (→ Kapitel »Erbrechtliche Fragen«, S. 44).

Beispiele für Formulierungen in der Scheidungsvereinbarung

Im folgenden finden Sie Formulierungsvorschläge. Besprechen Sie die für Ihren Fall zutreffende Variante mit Ihrem Anwalt oder Notar.

→ **Scheidungsmodalitäten**

Die Eheleute stellen hiermit übereinstimmend fest, dass sie seit dem 1. Dezember 2001 getrennt leben; der Ehemann ist an diesem Tag aus der Ehewohnung ausgezogen. Beide Eheleute erklären schon jetzt, dass sie ihre Ehe für zerrüttet halten und dem Scheidungsantrag des jeweils andern Ehegatten zustimmen werden.

→ **Sorgerecht**

Die Eltern sind sich darüber einig, dass sie die elterliche Sorge für die Tochter Julia, geboren am 16. März 1997, auch nach der Scheidung ihrer Ehe gemeinsam ausüben. Die Ausgestaltung der gemeinsamen elterlichen Sorge erfolgt nach den gesetzlichen Vorschriften. Das bedeutet, dass Angelegenheiten, die für das Kind von erheblicher Bedeutung sind, das Einvernehmen der Eltern voraussetzen, während Entscheidungen des täglichen Lebens demjenigen Elternteil obliegen, bei dem sich das Kind aufhält. Bei Gefahr im Verzug ist jeder Elternteil allein sorgeberechtigt. Zudem vereinbaren die Eltern, dass das Kind in der Obhut der Mutter leben soll.

→ **Umgangsrecht**

Die Eltern sind sich darüber einig, dass dem Vater das nachfolgende Umgangsrecht zusteht. Er verpflichtet sich hiermit, dieses Umgangsrecht wie folgt auszuüben:
Jedes zweite Wochenende von Samstag um 9.00 Uhr bis Sonntag um 18.00 Uhr sowie die Hälfte der Weihnachts-, Oster-, Pfingst- und Sommerferien. Die Termine werden mindestens drei Monate vorher abgestimmt.
Der Vater holt die Kinder bei der Mutter ab und bringt sie dorthin zurück. Die Mutter wird die Kinder mit der angemessenen Kleidung ausstatten, wobei sie auf die Aktivitäten der Kinder während der Besuchszeit und die Reiseziele Bedacht nehmen wird.

→ **Kindesunterhalt für Minderjährige**

Der Vater verpflichtet sich, an die Mutter für das Kind Dennis, geboren 10. März 2000, ab 1. März 2002 monatlich vorauszahlbaren Unterhalt in Höhe des gesetzlichen Unterhalts zu zahlen. Der Unterhalt berechnet sich nach den jeweiligen Sätzen der Düsseldorfer Tabelle.
Die Festsetzung des Unterhalts erfolgt derzeit nach Altersstufe 1. Das anrechenbare monatliche Netto-Einkommen des Vaters wurde mit 2200 Euro zu Grunde gelegt (Jahresbrutto = xy Euro) minus gesetzliche Abzüge (= xy Euro) minus 5% für berufsbedingte Aufwendun-

gen (= xy Euro) geteilt durch 12. Die danach einschlägige Einkommensgruppe 6 wurde um eine Stufe erhöht auf Gruppe 7, weil der Vater neben einem Ehegatten nur einem Kind gegenüber unterhaltsverpflichtet ist. Somit beträgt der Kindesunterhalt derzeit monatlich 267 Euro, Stand Düsseldorfer Tabelle 1.2.2002. Bei einer Änderung der Düsseldorfer Tabelle, der Einkommensgruppe oder der Altersstufe, die zu einer Erhöhung des Kindesunterhalts führen, erhöht sich der Kindesunterhalt automatisch. Einer Mahnung bedarf es nicht.
Zusätzlich zahlt der Vater einen Mehrbedarf für den Klavierunterricht des Sohnes von je 40 Euro für die Monate September bis Juli, solange der Sohn am Klavierunterricht teilnimmt. Die Mutter ist verpflichtet, den Vater unverzüglich schriftlich zu unterrichten, wenn der Sohn den Klavierunterricht abbricht.
Die Krankenversicherungskosten in Höhe von derzeit xy Euro werden zusätzlich gezahlt.
Das Kindergeld erhält die Mutter in vollem Umfang allein.

→ Kindesunterhalt für Volljährige

Die Eltern sind sich darüber einig, dass der Vater bis zum Abschluss der Ausbildung der Tochter Clara, geboren 25. Juli 1984, den gesamten Barunterhalt zahlt und die Mutter insoweit freistellt.

→ Ehegattenunterhalt

Der Ehemann verpflichtet sich hiermit, an die Ehefrau nachehelichen Unterhalt in Höhe von insgesamt 2300 Euro zu bezahlen (Elementarunterhalt 2000 Euro + Vorsorgeunterhalt 300 Euro), beginnend mit dem der Rechtskraft der Scheidung folgenden Monatsersten. Dieser Unterhaltsbetrag ist auf die Dauer von drei Jahren ab Unterzeichnung dieses Vertrages festgeschrieben. Für diese Zeit verzichten die Eheleute auf jedwede Abänderung des Unterhalts gemäß § 323 Zivilprozessordnung. Nach Ablauf dieser Zeit ist der Unterhalt nach den gesetzlichen Vorschriften neu festzulegen. Die heutige Vereinbarung stellt keine Grundlage für die etwaige Neufestsetzung des Unterhalts dar.

→ Güterrecht

Die Eheleute sind sich darüber einig, dass von dem Zugewinn des Ehemannes, der den Zugewinn der Ehefrau übersteigt, der Ehefrau eine Ausgleichsforderung in Höhe von 30 000 Euro zusteht. In Abweichung von der gesetzlichen Regelung kommen die Eheleute überein, dass der Zugewinnausgleich in zwei Raten gezahlt werden kann. Der Ehemann verpflichtet sich, wie folgt Zahlung zu leisten auf das Konto der Ehefrau bei der Europabank, BLZ 900 800 00, Konto Nummer 123 456 789 00: 15 000 Euro mit Rechtskraft der Scheidung, 15 000 Euro sechs Monate nach Rechtskraft der Scheidung.

→ Hausrat

Die Eheleute stellen hiermit übereinstimmend fest, dass der Hausrat endgültig auseinander gesetzt ist. Sie sind weiter darüber einig, dass jeder von Ihnen Alleineigentümer derjenigen Gegenstände bleiben bzw. werden soll, die sich gegenwärtig in seinem Besitz finden.

→ Abgeltung und Freistellung

Mit der vorstehenden Vereinbarung sind alle gegenseitigen vermögensrechtlichen Ansprüche der Ehegatten insbesondere bezüglich des Grundbesitzes und aus dem gemeinsamen Erfüllen von Verbindlichkeiten sowie aus betrieblicher Mitarbeit abgegolten.

tipp

Wie Sie Ihre Ehe stressfrei beenden

Elf Punkte, die Ihnen helfen. Mit Hilfe dieses Buches finden Sie sicher noch weitere Punkte und können diese Liste ergänzen.

1. Seien Sie kein Opferlamm sondern ein Abenteurer bzw. eine Abenteurerin.
2. Nutzen Sie die Chance, die in einem Neuanfang liegt, und tun Sie etwas, das Sie schon immer tun wollten.
3. Lassen Sie sich gründlich über Ihre Rechte beraten und nehmen Sie sie wahr.
4. Stehen Sie zu Ihren Verpflichtungen, und zahlen Sie den Unterhaltsbetrag oder Zugewinnausgleichsbetrag, den Ihr Anwalt ausgerechnet hat.
5. Kümmern Sie sich um die Kinder.
6. Seien Sie fair und kooperativ.
7. Setzen Sie Ihren Ehepartner nicht herab.
8. Finden Sie Lösungen, nicht neue Streitpunkte.
9. Denken Sie an die Zeiten, als Sie Ihren Ehepartner noch schätzten, und beenden Sie die Beziehung würdevoll.
10. Denken Sie positiv an die Zukunft, die vor Ihnen liegt.
11. Augen auf und durch!

Die Ehegatten verzichten zugleich wechselseitig auf alle Ansprüche aus vorehelichen Zuwendungen, gleich aus welchem Rechtsgrund sie bestehen könnten und nehmen diesen Verzicht hiermit wechselseitig an.
Sie stellen sich auch wechselseitig von allen Ansprüchen ihrer Eltern und sonstigen Verwandten gegen das Schwiegerkind bzw. den Verschwägerten und die Verschwägerte frei.

→ **Gültigkeitsklausel**
Sollte eine der vorstehenden Regelungen unwirksam sein oder werden, soll das die Gültigkeit der übrigen Regelungen nicht berühren. In einem solchen Fall verpflichten wir uns gegenseitig, die unwirksame Regelung durch eine wirksame zu ersetzen, die dem wirtschaftlich Gewollten so nahe wie möglich kommt.

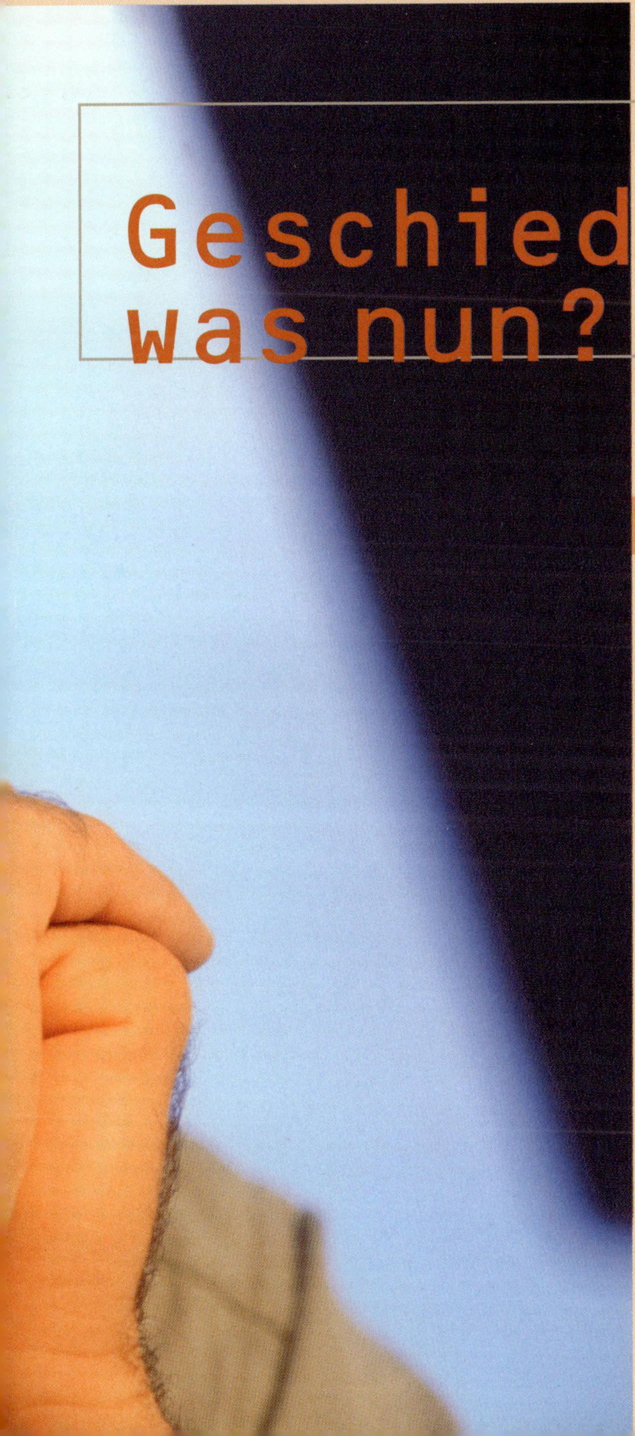

Geschieden – was nun?

Für den einen ist es ein Sprung in ein neues Leben mit prickelnden Möglichkeiten, für den anderen ein trauriger Neubeginn, der ihm aufgezwungen wurde. Aber egal, wie Sie sich jetzt fühlen, in jedem Fall wird sich eine Frage stellen: Was nun? Vielleicht steht ein Umzug an, oder die ehemals gemeinsame Wohnung bekommt ein neues Namensschild. Möglicherweise gibt es immer wieder Berührungspunkte mit dem ehemaligen Partner, wenn es um die Kinder geht.

interview

Eigentlich hat sich kaum was geändert im Vergleich zu meiner Situation vor der Scheidung. Trotzdem fühle ich mich irgendwie anders. Mein Solo ist jetzt endgültig, dokumentiert durch ein Stück Papier, auf dem steht, dass ich geschieden bin. Wenn ich irgendwo einen Datenbogen ausfüllen muss, mache ich ein Kreuzchen bei ›geschieden‹. Es wird sicherlich eine Weile dauern, bis die neue Situation für mich Normalität ist, aber ich gewöhne mich langsam an den Gedanken, wieder Single zu sein und alles allein zu entscheiden.

DAS SOLO

Wie heißen wir nach der Scheidung?

Nehmen wir mal an, Sie sind zum zweiten Mal geschieden und heißen zur Zeit wie Ihr zweiter Exehemann »Zobel«. Das möchten Sie ändern und Ihren Geburtsnamen »Katze« wieder annehmen.

So wie Ihr erster Ehemann »Panther« möchten Sie nicht wieder heißen.

Es ist ohne weiteres möglich, den Geburtsnamen wieder anzunehmen. Auch andere Namen sind möglich, das Gesetz bietet verschiedene Alternativen:

→ Der Ehename kann beibehalten werden: Zobel.

→ Der Geburtsname kann wieder angenommen werden: Katze.
→ Der Name der ersten Ehe kann wieder angenommen werden, wenn das der Name war, der geführt wurde, als zum zweiten Mal geheiratet wurde: Panther.
→ Auch ein Doppelname ist möglich, aus dem Geburtsnamen und dem Namen der letzten Ehe: Zobel-Katze oder Katze-Zobel.

Wenn Sie eine Namensänderung wünschen, müssen Sie zum Standesamt gehen und dort gegenüber einem Standesbeamten eine entsprechende Erklärung abgeben.
Die Scheidung der Eltern ändert am Namen des Kindes nichts. Auch wenn die Mutter ihren Namen nach der Scheidung ändert, weil sie zum Beispiel ihren Geburtsnamen wieder annimmt, bleibt es doch für das Kind beim ursprünglichen Namen. Ist der Ehename Zobel, heißen die Kinder auch weiterhin Zobel. Wenn Sie wieder heiraten, können sich Änderungen ergeben, wenn von den Möglichkeiten der Einbenennung Gebrauch gemacht wird, indem zum Beispiel die Stiefmutter oder der Stiefvater dem Stiefkind ihren bzw. seinen Namen gibt. Das Kind kann dann einen Doppelnamen führen.
Heiratet Frau Zobel in dritter Ehe Herrn Leopard, und erfolgt eine Einbenennung, heißt das Kind Zobel-Leopard oder Leopard-Zobel. Lässt sich Herr Leopard scheiden und nimmt Frau Leopard wieder ihren Mädchennamen Katze an, bleibt es für das Kind dennoch bei Zobel-Leopard oder Leopard-Zobel. Die Einbenennung kann nicht rückgängig gemacht werden. Ausnahmsweise gibt es die Möglich-

Nach der Scheidung kommt die Qual der Wahl: Geburtsname oder Ehename?

keit der Namensänderung dann, wenn ein »wichtiger Grund« eine Namensänderung unumgänglich macht. Sonst gibt es eine erneute Namensänderung nur bei erneuter Heirat.
Wichtig: Wenn der leibliche Elternteil wieder heiratet, kann wiederum eine Einbenennung erfolgen und der alte »einbenannte« Name durch den Namen des neuen Stiefelternteils ersetzt werden.

Steuern sparen nach der Scheidung

Das steuerliche Thema ist sehr komplex. Deshalb ist es sehr wichtig, dass Sie mit Ihrem Steuerberater Ihre persönliche Situation besprechen, damit Sie Vorteile nicht ungenutzt vergeben. Eine Beratung ist meist auch gar nicht teuer, fragen Sie gegebenenfalls nach. Die nachfolgenden Beispiele erläutern, wie Sie Steuern sparen können.

Die Kosten der Scheidung

Zu den Kosten, die als außergewöhnliche Belastungen abgezogen werden können, gehören

auch die Kosten der Scheidung. Sämtliche Anwalts- und Verfahrenskosten der Ehescheidung einschließlich der Scheidungsfolgeregelungen können geltend gemacht werden, weil sie als »zwangsläufig« angesehen werden. Wieviel das im Einzelfall ist, klären Sie am besten mit Ihrem Steuerberater, denn die für Sie zumutbare Eigenbelastung muss festgestellt werden, und die richtet sich nach Ihren persönlichen Verhältnissen. Deshalb ist es empfehlenswert, sämtliche Kosten in einem Kalenderjahr zusammenzuziehen.
Als unmittelbar durch die Scheidung veranlasst und unvermeidbar gelten die Kosten, die Ihnen im Zusammenhang mit den nachstehend aufgelisteter Verfahren entstanden sind. Was Sie absetzen können, lesen Sie auf S. 64, »Das Finanzamt trägt die Kosten mit«.

Die Behandlung des Ehegattenunterhalts

Die Zeit nach der Auflösung der Ehe wird im Einkommensteuerrecht grundsätzlich genauso behandelt wie die Zeit des dauernden Getrenntlebens der Ehegatten, abgesehen vom Trennungsjahr.
Für Unterhaltszahlungen nach der Ehescheidung bestehen zwei Möglichkeiten der steuerlichen Berücksichtigung:

→ Müssen Sie Unterhalt an Ihren Expartner zahlen, können Sie den Betrag wahlweise als Sonderausgabe oder als außergewöhnliche Belastung von Ihrem zu versteuernden Einkommen abziehen.

→ Wird der Unterhalt als Sonderausgabe geltend gemacht, kann der Unterhaltsleistende bis zu 13 500 Euro im Kalenderjahr von seinem zu versteuernden Einkommen als Sonderausgabe abziehen. »Bis zu« bedeutet, dass das der maximale Betrag ist. Wird weniger gezahlt, kann auch nur der effektiv gezahlte Betrag berücksichtigt werden.

Realsplitting

Vorteil: Wegen des progressiven Steuertarifs reduziert sich beim Realsplitting unter Umständen der persönliche Steuersatz und kann dadurch zu einer zusätzlichen Steuerersparnis führen.
Nachteil: Wer den Unterhalt bekommt, muss ihn versteuern als »sonstige Einkünfte«. Das zu versteuernde Einkommen wird erhöht und kann zu einem höheren Steuertarif führen. Sind allerdings keine weiteren oder nur geringe Einkünfte vorhanden, kann unter Umständen der Grundfreibetrag genutzt werden

wichtig

Da es sich hier um ein kompliziertes Rechenwerk handelt, sollten Sie nicht ohne Ihren Steuerberater entscheiden, ob Sie dem Realsplitting zustimmen wollen oder nicht. In jedem Fall müssen eventuelle Steuernachteile des Unterhaltsempfängers durch den Unterhaltszahler ausgeglichen werden (siehe Mustertext, S. 117).

muster

Zustimmung des Ehegatten zum Realsplitting

Die/der Unterhaltsberechtigte (Name, Vorname) verpflichtet sich in Ansehung sämtlicher vorstehend vereinbarter Zahlungsverpflichtungen, für die Dauer der Unterhaltsleistung auf Verlangen des/der Unterhaltspflichtigen (Namen, Vorname) im Januar eines Jahres für das Vorjahr die nach § 10 Abs. 1 Nr. 1 Einkommensteuergesetz erforderliche Zustimmung zum begrenzten Realsplitting zu erteilen.

Der/die Unterhaltspflichtige verpflichtet sich, die/den Unterhaltsberechtigten von ihr/ihm entstehenden Steuernachteilen sowie sonst konkret nachgewiesenen Nachteilen infolge der Zustimmung freizustellen.

Der Ausgleichsbetrag ist an die Unterhaltsberechtigte/den Unterhaltsberechtigten binnen zwei Wochen ab Vorliegen ihres/seines Steuerbescheides zu zahlen. Auf Verlangen hat der/die Unterhaltsverpflichtete in Höhe des für jedes Jahr zu erwartenden Nachteils zum Jahresbeginn Sicherheit zu leisten, was die/der Unterhaltsberechtigte zur Voraussetzung für die Zustimmungserklärung machen kann.

Die sich aus dem begrenzten Realsplitting ergebenden Steuervorteile stehen dem/der Unterhaltsverpflichteten in voller Höhe zu/oder: werden im Verhältnis x zu y zwischen den Beteiligten aufgeteilt.

Ort, Datum, Unterschrift

sowie der günstigere Steuersatz bei geringen Einkünften.
Der Abzug von Unterhaltsleistungen im Rahmen des Realsplittings hängt von der Zustimmung des Empfängers ab. Die Finanzverwaltung verlangt für die Zustimmung in der Regel die schriftliche Erklärung in der sogenannten »Anlage U«. Die Zustimmung kann aber auch durch ein formloses Schreiben erteilt werden, wie aus dem obenstehenden Muster ersichtlich. Eine Frist für die Erteilung der Zustimmung besteht nicht, sie kann auch nach Eintritt der Bestandskraft der Steuerbescheide erteilt werden. Wichtig: Sie kann auch noch in einem Klageverfahren des Unterhaltsverpflichteten gegen seinen Steuerbescheid vor dem Finanzgericht erteilt werden.
Wird das Realsplitting nicht durchgeführt, können Unterhaltsleistungen an den geschiedenen Ehegatten bis zu höchstens 6750 Euro pro Jahr als außergewöhnliche Belastung vom zu versteuernden Einkommen abgezogen wer-

Nach der Scheidung ändert sich steuerlich eine ganze Menge. Da lohnt es sich, genau nachzurechnen.

den, je nach dem, wie die Einkommenssituation des Unterhaltsempfängers ist.

Auswirkungen der Scheidung auf die Förderung des Wohneigentums

Einmal im Leben erhalten Sie für die Dauer von acht Jahren eine Förderung für selbstgenutztes Wohneigentum. Da Ehegatten oftmals das selbstgenutzte Eigenheim im Miteigentum erwerben, stellt sich bei Trennung und Scheidung die Frage, wer die Förderung zu Ende führen kann und ob der andere dann eine neue Förderung bei einem anderen Objekt erhält. Grundsätzlich gilt: Trennen sich Ehegatten, die ein selbstgenutztes Eigenheim in Miteigentum haben, tritt für beide Ehegatten Objektverbrauch ein. Das heißt, sie bekommen keine Förderung mehr, wenn sie ein neues Objekt erwerben. Darüber hinaus erhält der Ehegatte, der ausgezogen ist, keine Förderung mehr, denn er erfüllt nicht mehr die Voraussetzung der Selbstnutzung. Eine Ausnahme kann es unter bestimmten Voraussetzungen geben, wenn eine Übernahme des Anteils erfolgt. Hier bedarf es einer ausführlichen steuerlichen Beratung, um die Situation richtig einzuschätzen.

Auswirkungen der Scheidung auf den Zinsabschlag

Bereits im Kalenderjahr nach der Trennung haben Freistellungsaufträge, die die Ehegatten gemeinsam einer Bank erteilt hatten, keine Wirkung mehr. Wichtig: Sie müssen ihrer Bank also neue Freistellungsaufträge erteilen.

Fortsetzung des Ehegattenarbeitsverhältnisses nach der Scheidung

Hat zur Zeit Ihrer intakten Ehe Ihr Ehepartner als Angestellter für Sie in Ihrem Betrieb gearbeitet, so findet dieses Arbeitsverhältnis auch nach Beendigung der Ehe oder ab dauerndem Getrenntleben steuerrechtliche Anerkennung. Aber: Die Verträge unter nahen Angehörigen, zu denen auch geschiedene Eheleute gehören,

übersicht

Was erledigt werden muss nach der Scheidung

- ✔ Rechtskraft-Attest für Ehescheidungsurteil vorhanden (beim Familiengericht beantragen)?
- ✔ Vollstreckungsklausel auf Unterhaltstitel eingeholt (beim Familiengericht beantragen, wenn der Unterhalt nicht bezahlt wird)?
- ✔ Krankenversicherung umgemeldet?
- ✔ Schuldrechtlichen Versorgungsausgleich beantragt?
- ✔ Altersvorsorge in die Wege geleitet?
- ✔ Versicherungen umgeschrieben?
- ✔ Betreuungsvollmacht vorhanden?
- ✔ Verwaltungsregelung für gemeinsames Eigentum?
- ✔ Gibt es noch gemeinsame Verträge, aus denen Sie haften?
- ✔ Mietvertrag umgeschrieben?
- ✔ Bürgschaften gekündigt?
- ✔ Erbrechtliche Regelungen erforderlich?

sind steuerlich nur zu berücksichtigen, wenn sichergestellt ist, dass sie betriebliche Beziehungen regeln und nicht verkappte Unterhaltsleistungen sind.

Geschiedenentestament

Geschiedene Ehegatten möchten in der Regel nicht, dass der Expartner auf dem Umweg über die gemeinsamen Kinder doch am Vermögen des anderen Ehegatten beteiligt wird. Diese Problematik ergibt sich, wenn ein gemeinsames Kind vor dem geschiedenen Elternteil verstirbt.

Der geschiedene Ehepartner erbt zwar nichts mehr von seinem Exehepartner, ist aber gesetzlicher Erbe am Nachlass der gemeinsamen Kinder. Um das zu verhindern, können Sie entsprechende testamentarische Verfügungen treffen. Ausführliche Informationen hierzu erhalten Sie bei Ihrem Anwalt.

interview

Kurz nachdem wir geschieden waren, bekam ich einen super Job in einer anderen Stadt angeboten, und mein Exehemann verlor seinen Arbeitsplatz. Die Kinder wollten auf einmal unbedingt bei ihrem Vater leben. Also haben wir alles umgekrempelt: Die Kinder sind zu ihrem Vater gezogen, und ich habe mir eine Wohnung in der Nähe meines Arbeitsplatzes gesucht, nicht zu weit von den Kindern, sodass wir uns leicht besuchen können.

ALLES KANN SICH ÄNDERN

Abänderung von Urteilen und Vereinbarungen

Der Unterhalt ist berechnet und festgelegt und dann ändert sich etwas, zum Beispiel:

→ Das Kind wird älter und benötigt mehr Unterhalt.

→ Ihr Expartner verdient jetzt mehr, sodass der festgelegte Unterhalt zu niedrig ist.

→ Sie verdienen weniger oder gar nichts mehr, weil Sie Ihren Job verloren haben.

→ Zahlungsverpflichtungen entfallen, weil zum Beispiel ein Kredit abgetragen ist.

In solchen Fällen können Unterhaltstitel abgeändert und entsprechend angepasst werden. Eine Abänderungsklage reichen Sie mit Hilfe Ihres Anwalts beim Familiengericht ein. Mit Zustellung dieser Klage an die Gegenseite kann

eine Abänderung für die Zukunft wirksam werden. Von derartigen Veränderungen können der Unterhaltsberechtigte wie auch der Unterhaltsverpflichtete betroffen sein. Beiden ist die Möglichkeit der Abänderung des Titels möglich.
Wollen Sie einen gerichtlichen oder notariellen Unterhaltsvergleich abändern, kann das geschehen, wenn sich die Grundvoraussetzungen, unter denen Sie den Vergleich geschlossen haben, verändern. Deshalb ist es wichtig, diese Grundlagen mit aufzunehmen, zum Beispiel das Einkommen der Beteiligten und die Art der Unterhaltsberechnung. Wurde der Unterhalt zum Beispiel nach dem Bedarf errechnet und erhöht sich der Bedarf, weil unter Umständen krankheitsbedingte Mehrkosten auftreten, lässt sich diese Position einfach beziffern. Auch hier muss eine Abänderungsklage vor dem Familiengericht erhoben werden.
Alle zwei Jahre können Sie Auskunft über die Einkommensverhältnisse verlangen, um zu überprüfen, ob Sie einen höheren Unterhalt geltend machen können. Sind Sie im umgekehrten Fall verpflichtet, Unterhalt zu zahlen, können Sie Ihrerseits Herabsetzung beantragen, wenn Sie weniger verdienen.
Sollte sich herausstellen, dass die Umgangsregelungen nicht mehr passen, oder das gemeinsame Sorgerecht nicht funktioniert, können Sie mit Hilfe des Jugendamtes und des Familiengerichts andere Regelungen treffen.
Auch wesentliche Änderungen im Versorgungsausgleich können zu einer Abänderung der gerichtlichen Entscheidung führen.
Fragen Sie in jedem Fall Ihren Anwalt, wenn sich Änderungen ergeben, damit Sie Ihre Rechte richtig wahrnehmen.

Zukunftsmusik: Die neue Ehe und die neuen Partner

Wenn Sie wieder heiraten, beginnt ein Wiederanfang, der Wiederaufbau einer neuen Familie mit den Kindern der Vorehen und vielleicht auch den Kindern Ihres neuen Ehepartners und gemeinsamen weiteren Kindern. Vieles wird anders, manches bleibt.
Eines ist klar: Das Zusammenleben in einer Stieffamilie ist nicht ohne die vorangegangenen Erfahrungen mit der ersten Ehe und ihrer Auflösung und dem, was danach kam, zu verstehen. Für Neues offen zu sein heißt aber auch, die Vergangenheit mit ihren nicht immer rosigen Erfahrungen beiseite zu lassen und nach vorn zu schauen.

Das Vergangene verarbeiten und Neues wagen, sind die Voraussetzungen für neues Glück.

service

Adressen, die weiterhelfen

→ Anwaltskammer
Sie können sich bei der für Ihre Region zuständigen Anwaltskammer oder dem örtlichen Anwaltsverein einen Anwalt nennen lassen.
Den Kontakt zu Ihrer Anwaltskammer erhalten Sie über die Auskunft oder z.B. über die Bundesrechtsanwaltskammer.
BRAK, Littenstr. 9, 10179 Berlin,
Tel.: 030/28 49 39-0, www.brak.de

→ Bundesnotarkammer
Burgmauerstr. 53, 50667 Köln
Tel: 0221/25 68 23
www.bundesnotarkammer.de
Website mit Infos, Erklärungen und einem Notarservice

→ Bundesverband Mediation e.V.
Kirchweg 80, 34119 Kassel
Tel.: 0561/7 39 64 13
Fax: 0561/7 39 64 12
E-Mail: info@bmev.de
www.bmev.de
Fachverband zur Förderung der Verständigung in Konflikten

→ Bundes-Arbeitsgemeinschaft für Familienmediation e.V. (BAFM)
Haspelstr. 24, 35037 Marburg
Tel.: 06421/2 50 96
Regelung von Konflikten in Beziehungen

→ Marktplatz Recht
www.marktplatz-recht.de
Links und Adressen zu verschiedenen Themen, u.a. auch Mediation
Achtung: Nicht alle Anwälte sind in diesem Verzeichnis.

→ Deutscher Steuerberaterverband e.V.
Bertha-von-Suttner-Platz 6, 53111 Bonn
Tel.: 0228/9 85 94-0, www.dstv.de
Auf der Internetseite gibt es einen Suchservice für Steuerberater.

→ Verband alleinstehender Mütter und Väter
Beethovenallee 7, 53173 Bonn
Tel.: 0228/35 29 95

→ Arbeitsgemeinschaft Stieffamilien e.V.
Sulzbacher Str. 15–21
65812 Bad Soden
Tel.: 06196/64 15 03

→ Väter für Kinder e.V.
Postfach 38 02 86, 80615 München
www.vaeterfuerkinder.de
Verein zur Förderung der Vater-Kind-Beziehung

→ Verband binationaler Familien und Partnerschaften e.V.
Ludofusstr. 2–4, 60487 Frankfurt
Tel.: 069/713 75 60
www.verband-binationaler.de

Bücher, die weiterhelfen

- Bach, George R. /Wyden, Peter: Streiten verbindet. Spielregeln für Liebe und Ehe, Fischer, Frankfurt am Main
- Benedek, Elissa P.; Brown, Catherine F.: Scheidung. Wie helfe ich unserem Kind?, TRIAS, Stuttgart (Ratgeber für geschiedene Eltern von Kindern im Alter von 0–12)
- Hörner, Gerhard: Erben, vererben, schenken. Die Vermögensnachfolge optimal regeln. Gestaltungsmöglichkeiten richtig nutzen, Gräfe und Unzer Verlag, München
- Kast, Verena: Vom Sinn des Ärgers. Anreiz zur Selbstbehauptung und Selbstentfaltung, Kreuz Verlag, Zürich
- Nolte-Schefold, Sigrid: Rechtsratgeber für Stieffamilien, Rowohlt, Reinbek
- Nolte-Schefold, Sigrid: StiefKinder – RabenEltern, Rowohlt, Reinbek
- Nolte-Schefold, Sigrid: Was Frauen über Erbrecht wissen sollten, Econ, München
- Tannen, Deborah: Du kannst mich einfach nicht verstehen. Warum Männer und Frauen aneinander vorbeireden, Goldmann, München
- Wolf, Doris: Wenn der Partner geht. Wege zur Bewältigung von Trennung und Scheidung, Pal Verlag, Mannheim
- Zauberzweig, Pet Balscheit von, u.a.: Scheidung. Meine Eltern trennen sich, Pro Juventis-Atlantis, Zürich (Unterstützung für Kinder und Jugendliche, deren Eltern sich trennen oder scheiden lassen wollen)

Register

GU-Kompasse Business

→ So schön kann Wissen sein

ISBN 3-7742-3604-6

ISBN 3-7742-3603-8

ISBN 3-7742-3607-0

ISBN 3-7742-3617-8

ISBN 3-7742-3605-4

ISBN 3-7742-3610-0

ISBN 3-7742-3612-7

ISBN 3-7742-3618-6

Zum Nachschlagen, Auffrischen und Schlaumachen – die Business-Kompasse bringen Wissenswertes auf den Punkt. Garantiert ohne Fachchinesisch.

Klein, preiswert, gut:

- → Mit Last-Minute-Programm für eilige Leser
- → Jede Doppelseite bietet ein neues Thema
- → 96 Seiten, kompakt und unverwüstlich, € 6,50 [D]

GU

Gutgemacht. Gutgelaunt.

Änderungen und Irrtum vorbehalten

impressum

Redaktionsleitung: Steffen Haselbach
Redaktion: Nina Pohlmann
Lektorat: Cornelia Schinharl
Bildredaktion: Daniela Jelinek
Umschlagfotos: Andreas Hosch

Umschlag und Gestaltung: independent Medien-Design, Petra Schmidt
Herstellung: Ute Hausleiter
Satz: EDV-Fotosatz Huber, Germering
Repro: Ludwig, Zell am See
Druck: Appl, Wemding
Bindung: Sellier, Freising

ISBN: 3-7742-3613-5

Auflage	4.	3.	2.	1.
Jahr	2005	2004	2003	2002

Fotos

Bavaria: 21, 56/57, 118, Inhalt; Corbis/Stock Market: 54, 74, 77, Inhalt; IFA-Bilderteam: 10,61,63,71, 101, 114, 115; Image Bank: 9, 89; Imagine: 14, 97; Mauritius: 42, 48, 95; Pictor: 18; Premium: 79; Stone: 4/5, 6, 13, 16, 27, 46, 58, 66, 83, 85, 106, 108, 112/113, 120, 121, Inhalt.

Umwelthinweis

Dieses Buch wurde auf chlorfrei gebleichtem Papier gedruckt. Um Rohstoffe zu sparen, haben wir auf Folienverpackung verzichtet.

Wichtiger Hinweis

Die Beiträge in diesem Buch sind sorgfältig recherchiert und entsprechen dem aktuellen Stand. Abweichungen, beispielsweise durch seit Drucklegung geänderte Preise, Gebühren, Gesetzesänderungen, WWW-Adressen etc., sind nicht auszuschließen.
Weder Autor noch Verlag können für eventuelle Nachteile oder Schäden, die aus den im Buch gegebenen praktischen Hinweisen resultieren, eine Haftung übernehmen. Eine individuelle Rechtsberatung kann das Buch nicht ersetzen.

Das Original mit Garantie

IHRE MEINUNG IST UNS WICHTIG. Deshalb möchten wir Ihre Kritik, gerne aber auch Ihr Lob erfahren, um als führender Ratgeberverlag für Sie noch besser zu werden.
Darum: Schreiben Sie uns! Wir freuen uns auf Ihre Post und wünschen Ihnen viel Spaß mit Ihrem GU-Ratgeber.

UNSERE GARANTIE: Sollte ein GU-Ratgeber einmal einen Fehler enthalten, schicken Sie uns bitte das Buch mit einem kleinen Hinweis und der Quittung innerhalb von sechs Monaten nach dem Kauf zurück. Wir tauschen Ihnen den GU-Ratgeber gegen einen anderen zum gleichen oder ähnlichen Thema um.

Ihr Gräfe und Unzer Verlag
Redaktion Business
Postfach 86 03 25
81630 München
Fax: 089/4 19 81 - 113
e-mail: leserservice@ graefe-und-unzer.de